John Meador

Comeback

Rückschläge und Enttäuschungen überwinden

JOHN MEADOR

comeback

RÜCKSCHLÄGE UND ENTTÄUSCHUNGEN
ÜBERWINDEN

John Meador
Comeback
Rückschläge und Enttäuschungen überwinden

Best.-Nr. 271894
ISBN 978-3-86353-894-1
Christliche Verlagsgesellschaft Dillenburg

Best.-Nr. 180238
ISBN 978-3-85810-631-5
Verlag Mitternachtsruf, www.mnr.ch

Titel des englischen Originals:
God's Not Done With You

Herausgegeben von:
The Good Book Company
www.thegoodbook.co.uk

1. Auflage

www.cv-dillenburg.de

Übersetzung: Dr. Friedemann Lux
Satz und Umschlaggestaltung: Christliche Verlagsgesellschaft Dillenburg

Druck: CPI Books GmbH, Leck
Printed in Germany

Wenn Sie Rechtschreib- oder Zeichensetzungsfehler entdeckt haben,
können Sie uns gern kontaktieren: info@cv-dillenburg.de

Inhalt

„*Comeback* ist sowohl ein biblischer als auch sehr persönlicher Blick darauf, wie Gott unser Leben auf erstaunliche Weise rettet, wiederherstellt und umgestaltet. In einer Zeit, in der es an Hoffnung und Ermutigung mangelt, werden diese Geschichten Ihren Glauben an den Gott stärken, der große Pläne für Ihr Leben hat!"

Robert Jeffress
Pastor, First Baptist Church of Dallas, Texas

„Was die Welt jetzt braucht, ist Hoffnung! In diesem Buch zeigt John Meador, dass es nie zu spät für einen Neuanfang ist: dass ein Rückschlag nicht zum Scheitern führen muss und wir noch einmal antreten dürfen. Lesen Sie ... und profitieren Sie davon!"

O. S. Hawkins
Bestsellerautor *The Promise Code*, Senior Berater und Botschafter des Southwestern Baptist Theological Seminary

„Die Bibel ist nicht nur ein Buch des Glaubens, sondern auch des Lebens. Deshalb finden wir so viele Geschichten von ganz normalen Menschen in Gottes Wort. John Meador berichtet von Männern und Frauen der Bibel, Menschen, die wie du und ich sind und zeigt uns, wie wir Tag für Tag die Herausforderungen meistern und in Hoffnung leben können. Wir alle lieben *Comeback*-Geschichten, und dieses Buch ist eine großartige Lektüre für uns alle, die weitermachen und nicht aufgeben wollen, während wir uns den Aufgaben des Lebens stellen. Wenn Sie sich nach mehr Mut und Gnade für Ihr Leben sehnen, ist dieses Buch genau das Richtige für Sie!"

Jack Graham
Pastor, Prestonwood Baptist Church, Plano, Texas

Für meine Frau, Kim.
Dein authentischer Glaube, deine unermüdliche Entschlossenheit, ihn unseren Kindern weiterzugeben, und dein Mutmachen, bei meinem Predigen und Schreiben dem Wort Gottes treu zu bleiben, haben mir immer wieder Rückhalt gegeben.
Was für ein Segen du bist!

Einleitung

Wer immer Sie sind, und egal, was geschehen ist, Gott ist noch nicht fertig mit Ihnen.

Ich schreibe diese Einleitung in Cabo San Lucas an der Südspitze der Halbinsel Niederkalifornien (Mexiko), wo meine Frau und ich einen Kurzurlaub verbringen, den Freunde uns geschenkt haben. Das Meer von Cortez (Golf von Kalifornien) ist atemberaubend, und heute donnern gewaltige Wellen gegen das Steilufer, wo wir gerne spazieren gehen, gleich neben einer bizarren Felsformation. Es ist ein gefährlich-schönes Fleckchen Erde, und ich bin immer wieder fasziniert von dem Spiel von Ebbe und Flut – wie das Wasser heranrollt, sich an den Felsen bricht und wieder ins Meer zurückzieht, nur um den nächsten Anlauf zu nehmen.

Ein bisschen so, wie das Leben mit seinem täglichen Auf und Ab der Umstände, seinen Krisen und Ruhepausen, bis der nächste Tag seine eigenen, neuen Probleme bringt. Das Auf und Ab des Lebens, wie man so sagt.

An diesem Tag verläuft mein Strandspaziergang allerdings ein bisschen anders als sonst. Als ich auf dem Sandstrand gleich neben den Felsen stehe, um ein Video vom Spiel der Wellen zu machen, werde ich von einer riesigen Welle überrascht, die mich regelrecht überrollt. Meine Füße verlieren den Halt und das Wasser zieht mich steil nach unten. Die Hände krampfhaft ums Smartphone geklammert, das mir als Kamera dient, komme ich mit einiger Mühe wieder auf die Füße und kann mich in Sicherheit bringen, kurz bevor die nächste Welle herbeidonnert.

Es ist übrigens ein tolles Video dabei herausgekommen. Ich überstand das Erlebnis unbeschadet, auch wenn ich ein bisschen von meinem Stolz und eine meiner Lieblings-Strandsandalen dabei verlor.

Auch in unserem Leben werden wir von Monsterwellen überrascht, die uns den Boden unter den Füßen wegziehen. So manche Lebenskrise stellt uns vor größere Herausforderungen als ein Brecher am Strand, und manchmal kostet sie uns Dinge, die wir auf ewig für unser Eigentum gehalten hatten.

Vielleicht sehen *Ihre* Lebenskrisen einem Tsunami ähnlicher als einer einzelnen Monsterwelle; es scheint schier unmöglich zu sein, sich an irgendetwas festzuhalten und jemals wieder auf die Füße zu kommen. Doch egal, wie schrecklich die Situation, es *ist* möglich, wieder ins Lot zu kommen. Es gibt unzählige Geschichten über solche unglaublichen Rettungen und Comebacks – ganze Bücher, die detailliert die dramatischen Kämpfe um das Leben und um einen Sinn im Leben schildern.

Ich kenne diese Art Geschichten, weil ich selbst mein Quantum erlebt habe und seit vielen Jahren andere Menschen auf ihren Lebensreisen begleite.

Menschen, die mit Verlusten und Enttäuschungen kämpfen.

Menschen, die, von plötzlichen Katastrophen überrascht, verzweifelt versuchen, ihnen einen Sinn abzugewinnen.

Freunde, die durch schwere Krankheiten gehen und nicht wissen, wie alles enden wird.

Menschen, die sich fragen, wo Gott ist, wenn solche Dinge passieren.

Menschen, die fragen: „Ist jetzt alles aus? Ist Gott fertig mit mir? Hat mein Leben noch einen Sinn?"

Ich habe mir vorgenommen, eine Antwort auf diese Fragen zu finden. Und ich verspreche Ihnen: Wenn wir uns auf diese Suche begeben, werden wir entdecken, dass Gott mitten in unserem Leiden da ist.

Kein Buch erzählt diese Geschichten dramatischer als die Bibel selbst. Eine biblische Figur nach der anderen gibt uns neue Hoffnung und Mut. Spannende Geschichten erzählen von Rettung, wo alles verloren schien. Das Einzigartige der biblischen Geschichten ist dabei, dass sie uns den Gott des Universums als den großen Geschichtenmacher zeigen, der auf meisterhafte Weise alles Nötige zusammenbringt, damit unser Leben von neuem beginnen kann. Das unterscheidet sie von allen anderen großen Geschichten. Es geht um den Gott, der unsere Vergangenheit für immer erlöst, um uns eine Zukunft zu geben.

Vielleicht ist Ihr Leben einfacher. Vielleicht haben Sie noch keine schmerzhaften Niederlagen und Enttäuschungen erlebt. Glauben Sie mir: Früher oder später werden Sie damit konfrontiert, und das, was sie in diesem Buch lesen werden, kann sich dann als hilfreich erweisen.

Aber vielleicht sind Sie auch ein gebranntes Kind und entsprechend misstrauisch. Ihr Leben kommt Ihnen nicht wie eine einzelne Monsterwelle vor, sondern wie ein ausgewachsener Tsunami, und sie fragen sich, ob Ihnen idealistisch klingende Geschichten aus der Bibel wirklich weiterhelfen. Dann lautet meine Bitte: Lesen Sie weiter! Diese Geschichten handeln von Ereignissen aus dem wirklichen Leben. Sie waren oft dramatischer und leidvoller als die meisten anderen Situationen in der Geschichte. Und es stand dabei auch viel mehr auf dem Spiel. Aber ihr Ende war auch größer und sinnvoller, als wir uns vielleicht vorstellen können.

Da ist z. B. die Geschichte von dem Staatsmann, der einen Ehebruch beging, wie er peinlicher und öffentlicher nicht sein konnte, und dann auch noch eine derart schmutzige Vertuschungsaktion durchzog, die den betrogenen Ehemann das Leben kostete. Aber Gott war noch nicht fertig mit ihm. Oder die Geschichte von der Frau, die einen verbohrten Narren zum Mann hatte, der schwerbewaffnete Krieger derart beleidigte, dass beinahe ihre ganze Familie ausgelöscht worden wäre. Doch Gott kam der Frau in ihrer Not zur Hilfe, ja, er erhob sie in ungeahnte Höhen. Dabei hatte sie schon gedacht, dass ihr Leben vorbei war – aber es fing erst richtig an!

Sie finden in diesem Buch neun unglaubliche, aber wahre Comeback-Geschichten aus dem wirklichen Leben. Sie können uns Hoffnung geben für die Stürme unseres eigenen Lebens. In all diesen Geschichten kommen gewisse Themen vor, die ich Ihnen ans Herz legen möchte – Wahrheiten, die Sie in anderen Geschichten über Rettung aus großer Not nicht finden werden. Diese Geschichten erzählen nicht die übliche Story, wo der Held seine Probleme durch bloßen Durchhaltewillen überwindet, sondern berichten von unglaublichen Veränderungen des Herzens und der Umstände. Und von dem, der alle Dinge zu unserem Besten zusammenwirken lassen kann. Es sind Geschichten von göttlicher Dimension, und sie werden dort sieben wichtige Wahrheiten entdecken:

1. Gott ist am Werk in unserem Leben, auch dann, wenn wir gegen Monsterwellen und Tsunamis kämpfen, auch dann, wenn wir das vielleicht gar nicht merken.

2. In Ihren schwärzesten Stunden sind Sie nicht allein. Gott ist der Gott, der *da ist*, ja der *für uns ist.*
3. Gott gibt ganz normalen Menschen Versprechen, und er hält sie. Es sind diese gehaltenen Versprechen Gottes, die den Gang der Dinge verändern.
4. Gott stellt uns in den kritischen Kämpfen unseres Lebens erstaunliche Mittel zur Verfügung – wenn wir ihm vertrauen.
5. Gott lehrt uns die Kunst, uns nicht selbst kaputtzumachen, während wir auf Antworten und Lösungen warten.
6. Er schenkt uns seine göttliche Gnade, die uns die Kraft gibt, durchzuhalten – eine innere Stabilität, die es uns möglich macht, wieder aufzustehen und zu vertrauen, dass wir die Krise meistern werden, weil Gott niemals mit uns fertig ist.
7. Gott benutzt Ihre Schwierigkeiten und Probleme, damit Ihr Glauben an ihn wächst, damit Sie innerlich stark werden und um anderen Menschen seine Macht zu zeigen, die in Ihrer Situation wirkt.

Ich werde Ihnen in diesem Buch zeigen, wie diese Wahrheiten aussehen, wo man sie finden kann und wann Sie mit einem Durchbruch rechnen können. Gottes Wege sind unergründlich, aber er zeigt sie denen, die ihn suchen. Dieses Buch wird Sie zu diesen Wegen führen; es ist ein Buch für solche, die suchen. Wer sucht, wird finden, so verspricht es uns die Bibel (Lk 11,10).

Sie werden diese Wahrheiten nicht wie in der Schule *lernen*, Sie werden Sie in realen Lebenssituationen *entdecken* – vielleicht in genau solchen wie denen, in denen Sie sich gerade befinden. Das wirkliche Leben ist der Ort, wo Zweifel und Glaube sich treffen und wo wir die Erfüllung von Gottes Absichten und Plänen erleben können – selbst in den schwersten Stunden.

Lesen Sie diese Geschichten. Sie werden sie brauchen. Alle. Gott hat dafür gesorgt, dass die Geschichten dieser Menschen niedergeschrieben wurden, damit wir von ihnen lernen können. Er hat uns diese Geschichten gegeben, damit wir ihn in unserem Leben und unseren Herausforderungen deutlicher erkennen.

Ganz egal, in was für einem Kapitel Ihres Lebens Sie sich auch gerade befinden, schauen Sie sich zusammen mit mir einige der größten Siege aller Zeiten an und nehmen Sie dies im Glauben mit in Ihr Leben und in das Ihrer Mitmenschen.

Und Sie werden erfahren, dass *Gott mit Ihnen noch nicht fertig ist.*[1]

1

Sie sind nicht Ihre Vergangenheit

Die Geschichte von Mose

Und Gott sah nach den Söhnen Israel,
und Gott kümmerte sich um sie.

2. Mose 2,25

In den letzten Jahren ist ein junger Mann namens Brad vom Rande in die Mitte meines Lebens und meiner Arbeit gerückt. Eines Tages fragte ich ihn, ohne mir viel dabei zu denken: „Wo warst du eigentlich, als ich hierhergezogen bin?"

Seine Antwort: „Im Gefängnis, mit meinem Vater."

Das ist eine Antwort, die zum Nachhaken animiert. Und genau das tat ich. Ich erfuhr, dass Brad eine turbulente und schmerzhafte Vergangenheit hinter sich hatte. In einem chaotischen, teils gewalttätigen Elternhaus aufgewachsen, wurde er von seiner Mutter, die Christin war, zum Glauben geführt, aber er lief immer wieder weg: von zuhause, von der Gemeinde und vom Glauben. Und vor dem Gesetz. Ein Problem jagte das andere, sodass er zwei Jahre brauchte, um das letzte Schuljahr der High School abzuschließen. Und die Zukunft sah nicht rosig aus. Eines Abends, während eines Familienstreits, wurden sein Vater und er verhaftet und so kamen sie zusammen ins Gefängnis.

Irgendwann fing er an, den Kontakt mit Gott wiederaufzunehmen. Er sagte mir: „Ich hatte den Eindruck, dass ich zu etwas Größerem berufen war." Aber er hatte keinen Schimmer, was das sein sollte. Brads Reise zurück zu Gott ging schrittweise und dauerte mehrere Jahre. Dabei hat Brad gelernt, dass Gott ihn nie aufgegeben hatte. Er ist bis heute dabei, seine Vergangenheit aufzuarbeiten, und er kann nur darüber staunen, was Gott alles in Bewegung gesetzt hat, um ihn zurückzuholen.

Heute leitet Brad das Anbetungs-Team der Gemeinde, die ich betreue. Es ist bewegend, zu sehen, wie Gott an diesem jungen Mann arbeitet, der nun durch seinen Dienst Tausende von Menschen erreicht.

Das ist ein ziemlich langer Weg von „Im Gefängnis, mit meinem Vater".

Brads Geschichte ist eine von vielen, die zeigen, dass Gott aus der verfahrensten Situation ein Comeback schenken kann und dass er selbst dann, wenn alles düster aussieht, noch längst nicht fertig mit uns ist.

Was uns zu Mose bringt, dessen Geschichte ein monumentales Drama ist, das mit einer schwierigen Vergangenheit beginnt. Seine Person und sein Leben haben Schriftsteller fasziniert. Er war der Retter einer Nation, der Führer von möglicherweise Millionen von Menschen. Wenn wir den Namen „Mose“ hören, denken wir unwillkürlich an einen historischen Führer mit wallendem Bart, unter dessen ausgestrecktem Arm die Wasser sich teilen. Oder wir sehen ihn, wie er von dem Berg herabsteigt, in den Händen die Steintafeln, auf die Gott selbst seine Gebote geschrieben hat, das Gesicht überirdisch leuchtend. Wenn es im Alten Testament einen Superhelden gibt, dann ist es Mose.

Über die Höhepunkte seines Lebens sind unzählige Bücher geschrieben worden. Er ist der Held vieler Filme. Doch nur wenige befassen sich mit dem *dunklen* Teil seines Lebens.

Das Leben Moses besteht aus drei Hauptteilen von je 40 Jahren. Der erste Teil wird in der Bibel in ganzen 15 Versen berichtet, und zwar in 2. Mose 2. Es ist die Geschichte von Moses Geburt, seiner wunderbaren Rettung vor dem sicheren Tod als Säugling und seiner schier unglaublichen Adoption durch die Tochter des Pharaos, der damals Herrscher über ganz Ägypten war. Es ist ein Leben in Luxus und Leidenschaft – und mit einer tiefen Liebe zu Israel, dem Volk Moses, das vom Pharao unterdrückt wird.

Sein Gerechtigkeitssinn wird zu flammendem Zorn, als er Zeuge wird, wie einer seiner Mitisraeliten von einem ägyptischen Aufseher geschlagen wird. Er tötet den Ägypter. Was den Zorn des Pharaos weckt, der beschließt, Mose zu verhaften und hinrichten zu lassen. Mose flieht daraufhin fast 600 km weit in die Wüste Midians – eine Reise, die 20 Tage dauerte. Der erste Abschnitt seines Lebens endet mit diesen Worten:

Mose aber floh vor dem Pharao und hielt sich im Land Midian auf. Und er setzte sich an einen Brunnen. (2Mo 2,15)

15 Verse. 40 Jahre. Ein kometenhafter Aufstieg mit ungeahnten Möglichkeiten – dann ein tragischer Totschlag im Affekt und die Flucht ins Ausland, um der sicheren Verhaftung und Hinrichtung zu entgehen. Damit beginnt die zweite Phase von Moses Leben, die dunkle. Es ist die Phase, über die keine Filme gedreht werden. Es sind die stillen, grauen Jahre der Angst und des Bereuens. Mose ist nicht nur meilenweit entfernt von seinen Verwandten und seinen Volksgenossen, sondern auch von seiner Bestimmung. Er ist in der hintersten Ecke der Wüste seines Lebens. Es ist keine beneidenswerte Situation, schon gar nicht für jemanden, der so viel verloren hat.

Die Natur des Menschen und persönliche Erfahrungen führen mich zu dem Schluss, dass Mose dort in Midian im Land des Bedauerns und des Kummers lebte. Er hat seine wunderbare Errettung als Baby vor dem Todesurteil des Pharaos über alle neugeborenen hebräischen Knaben sicher nicht vergessen. Auch nicht, wie er danach im königlichen Palast aufwuchs und als junger Mann schon jemand war, auf den man hörte – eine Position, die Gott ihm geschenkt hatte. Wie viel hätte er dort für sein geknechtetes Volk erreichen können?

Was hatte Gott nicht alles getan, um Mose so weit zu bringen – und dann verbockte Mose die Chance seines Lebens mit einer einzigen impulsiven Racheaktion. Jetzt ist er weit entfernt von dem Ort, an den Gott ihn gebracht hatte, entfernt auch von seinen Verwandten und Freunden. Wie oft wird er mit sich gehadert haben während seiner langen Flucht nach Midian? Wir wissen, dass Mose ein leidenschaftlicher Mann war, der im Laufe seines Lebens das ganze Spektrum der Gefühle erlebte. Es müssen viele Tränen geflossen sein in der Wüste Midian.

Der Schmerz kann uns schier überwältigen, wenn wir erkennen, was wir verloren haben. Wohl die meisten von uns sind schon einmal in so einer Situation gewesen. Ich erinnere mich noch gut, wie ich vor Jahren am Grab meiner Mutter stand und völlig überwältigt war von dem Gedanken, was ich verloren hatte. Und was nie wieder sein würde, nachdem sie in ihrem Kampf mit dem Krebs unterlegen war. Ich hatte keine Schuld daran, aber ich spürte den Verlust bis in die Knochen.

Mose *hatte* Schuld. Voll ungezügelter Wut nahm er die Dinge in die eigene Hand und zerstörte das Leben eines anderen Menschen – und damit auch seine eigene Zukunft. Aus seiner Perspektive war der Verlust endgültig; es gab keine Aussichten auf ein Comeback-Szenario. Es sind solche Situationen, in denen wir uns fragen, ob Gott sich noch um uns kümmert; die anderen tun es ja eh nicht.

Zorn zerstört – aber Gott kann retten

Als Teenager und noch als junger Erwachsener hat mich mein Zorn fast ruiniert. Es war nicht so schlimm wie bei Mose, aber schon ziemlich erschreckend.

Was machte mich so wütend? Ich dachte es war das, was die anderen über mich sagten oder was sie mit mir machten – wenn also hinter meinem Rücken über mich getuschelt wurde oder wenn man sich offen über mich lustig machte. Dass die Leute, zu denen ich doch gehören wollte, mich so ablehnten, brachte mich aus der Fassung. Wenn ich in einem Sportturnier versagte, bekam ich einen Tobsuchtsanfall.

Die Wut legte sich wie eine dunkle Nebeldecke über mein Leben, und ich konnte nichts dagegen machen. Ich verlor

Freunde und einen Zimmerkameraden; ich brach mir Fingerknochen, weil ich in meiner Wut auf Dinge eingeschlagen hatte.

An dem schlimmsten Abend meines Lebens als junger Erwachsener raste ich mit meinem Auto eine Schnellstraße entlang, total verbittert über mein Leben und auf der Suche nach einem passenden Ziel, in das ich das Auto steuern konnte, um Schluss zu machen. Zum Glück hielt mein Mut nicht sehr lange an, und der kritische Augenblick ging vorüber. Ich werde nie vergessen, wie kurz ich an diesem Abend davor war, allem ein Ende zu setzen.

Für viele Menschen haben solche kritischen Momente Folgen. Sie zahlen einen hohen Preis für das, was sie in ihrem Zorn gesagt oder getan haben. Mose, einer der größten Volkshelden der Geschichte, verspielte durch seinen Zorn um ein Haar seine gesamte Zukunft.

Aber Gott half Mose wieder auf die Beine – und er tut das auch bei uns.

Gott war mit Mose noch nicht fertig, aber das wusste Mose damals noch nicht. Manchmal ist unser Glaube so gut wie tot, bevor Gott ihn wieder aufweckt.

Sind Sie schon einmal vor Ihrer Vergangenheit davongelaufen? Ich bin so froh, dass die Bibel uns ganz offen so viele Beispiele von Menschen gibt, die etwas zu verbergen haben – genau wie wir.

Da sind Adam und Eva, die im Garten Eden krampfhaft versuchten, ihren Sündenfall vor Gott zu verheimlichen. Oder Abraham und Sara, die versuchten, ihre Zweifel an Gottes Verheißung mit Lachen zu überspielen. Oder David, der sich in eine Affäre mit Batseba stürzte und dann versuchte, sie zu vertuschen, indem er ihren Mann in den sicheren Tod schickte.

Dies sind nur ein paar Beispiele für Handlungen, die unglaubliches Elend und nicht zu leugnenden Schaden anrichteten, aber Gott bedeckte Adams Sünde, er segnete Abraham und Sara mit einem Sohn und er stellte Davids Königtum wieder her. Gott ist bekannt dafür, dass er Menschen aus dem Tod auferweckt – im übertragenen Sinne *und* ganz buchstäblich.

Wenn Gott noch nicht fertig ist

Gott sagt uns oft: *Ich bin noch nicht fertig mit dir; ich habe mit dir noch etwas vor!* Aber wie macht er das? Wie gab er Moses Leben wieder einen Sinn?

Es braucht Zeit. Viel Zeit. Die ersten 40 Jahre von Moses Leben werden in den ersten 15 Versen von 2. Mose 2 erzählt, die nächsten 40 in den folgenden acht Versen. Mose begegnet den sieben Töchtern Reguëls, des Priesters von Midian. Er heiratet eine von ihnen – Zippora – und gründet eine Familie. Mose ist in seinem Herzen und Denken ein Fremdling unter diesen Menschen, aber er fasst Wurzeln in dem so ganz anderen Land.

Er lebt in der hintersten Ecke der Wüste, wo er die Schafe seines Schwiegervaters hütet. Er ist weit weg vom Gott seiner Väter und von seinem früheren Leben. Ein Zurück scheint unmöglich zu sein.

Es kann viel passieren in 40 Jahren. Wir können vergessen, wo wir hergekommen sind. In 40 Jahren kann die Erinnerung an den Gott, der uns errettet hat, verblassen. Wir vergessen seine großen Verheißungen. Unsere Herzen werden träge, unser Glaube so gut wie tot. Selbst unsere Lieben können in der Erinnerung verblassen, wie ein Kapitel aus einem längst vergessenen Buch.

Und in jenen 40 Jahren, wurde das Los der Israeliten in Ägypten immer schlimmer. Aber …

Gott sah nach den Söhnen Israel, und Gott kümmerte sich um sie. (2Mo 2,25)

Und Gott sah auch Mose, und als die Zeit da war, schlug er mit diesem Mann ein neues Kapitel auf – genau dort, wo er sich befand, auf einem Berg in der Einöde.

Gott begegnet uns dort, wo wir sind. Ist das nicht ein Mut machender Gedanke? Vor allem dann, wenn wir uns in einer Lage befinden, in der wir nie sein wollten und aus der wir keinen Ausweg sehen. Gott sieht uns. Und *er kümmert sich um uns.*

Neue Lebensabschnitte beginnen mit neuen Begegnungen mit Gott

Ich glaube, dass Gott heute noch Begegnungen mit uns arrangiert. Ich glaube dies aufgrund eigener Erfahrung, aber auch – was viel wichtiger ist – aus historischen Gründen. Die Bibel ist voll von Beispielen, wo Gott Männern und Frauen in schwierigen Situationen begegnet und sich Ihnen in machtvoller Weise offenbart. Im ersten Buch der Bibel erfahren wir von dem ersten Mann und der ersten Frau (Adam und Eva), die gegen Gott rebelliert hatten und sich jetzt vor ihm versteckten. Gott fand sie, sprach zu ihnen und stellte ihre Beziehung zu ihm wieder her, damit sie seinen Plan für ihr Leben ausführen konnten. (Lesen Sie 1. Mose 4,1.25-26.)

Bei Moses Begegnung mit Gott ging es (wie bei den meisten von unseren Begegnungen auch) darum, **auf Gott zu hören**. Sie werden in diesem Buch wiederholt daran erinnert werden, dass Gott im Laufe der Menschheitsgeschichte auf unmissverständliche Weisen zu Menschen gesprochen hat. Und Sie werden auch entdecken, dass er noch heute zu uns spricht – durch die Bibel und seinen Heiligen Geist, durch seine Erhörung unserer Gebete und sein Sorgen für uns. Er spricht heute noch. Im Laufe der Jahre bin ich stark durch Francis Schaeffers Buch *Und er schweigt nicht*[2] geprägt worden. Allein der Titel hat mein Denken als junger Mann stark herausgefordert. Was Schaeffer aus der Perspektive der Philosophie schreibt, hat konkrete Implikationen für unser Leben. Gott spricht!

Aber wenn Gott spricht, dann müssen wir auch auf seine Stimme *achten*. Und ihm *zuhören*. Ich bin davon überzeugt, dass hier das größte Problem liegt. Gott spricht, aber aus den verschiedensten Gründen hören wir ihm oft nicht zu.

Es scheint, dass Mose seit über 40 Jahren Gottes Stimme nicht gehört hatte. Nicht seit jenem unglücklichen Tag, an dem er versuchte, die Dinge in die eigene Hand zu nehmen, und den Ägypter totschlug. Nicht seit dem Tag, an dem ihm ein Landsmann, der alles mitbekommen hatte, seine Tat unter die Nase rieb. Nicht seit dem Tag, an dem er aus Ägypten floh und auf einmal weit weg von allem war.

Aber dann kommt er, der Tag, wo **Gott Moses Aufmerksamkeit bekommt** und redet. Ich finde es bezeichnend, dass Mose im Nirgendwo eine Herde stinkender Schafe hütet, die ihm noch nicht einmal gehört. Was um alles in der Welt ist nur aus dem ehemaligen „Überflieger" geworden? Als Mose zu einem Berg kommt, der sich aus der Steppe erhebt, hat er keinerlei Ahnung, dass sein Leben sich gleich verändern wird. Wir kennen diesen Berg als den Horeb bzw. Sinai, und in 2. Mose 3,1 wird er der „Berg Gottes" genannt. Später wird er der Ort erneuter Gottesoffenbarungen werden. Nur Gott kann einen ganz gewöhnlichen Berg nehmen und ihn zu einem Ort machen, wo das Leben für immer anders wird.

Wir lesen:

Da erschien ihm der Engel des HERRN in einer Feuerflamme mitten aus dem Dornbusch. Und er sah hin, und siehe, der

Dornbusch brannte im Feuer, und der Dornbusch wurde nicht verzehrt. (2Mo 3,2)

Das ist eine etwas ungewöhnliche Methode, die Neugier von jemandem zu wecken, nicht wahr? Gott kann uns jederzeit, an jedem Ort und auf hundert Arten ansprechen, und manchmal benutzt er das Besondere. Hier ist es ein Engel, der Mose mitten in einem brennenden Dornbusch erscheint. Der Anblick lässt ihn abrupt anhalten: „Ich will doch hinzutreten und diese große Erscheinung sehen, warum der Dornbusch nicht verbrennt" (2Mo 3,3). Die *ganze* Szene ist außerordentlich, aber die Bibel betont dabei, dass sie Mose neugierig macht. Er ist bereit, zu hören!

Als aber der Herr sah, dass er herzutrat, um zu sehen, da rief ihm Gott mitten aus dem Dornbusch zu … (V. 4)

Mose ist erschrocken, aber unversehrt. Er kann sich nicht erklären, was hier vorgeht, aber er hat auf Empfang geschaltet. So geht Gott oft vor. Es könnte sein, dass er gerade dabei ist, *Ihre* Ohren zu öffnen!

Schauen wir uns die Lage an, in der sich Mose befindet:

Er ist ALLEIN mit Gott. Allein mit Gott zu sein, ist eine unbedingte Voraussetzung dafür, seine Stimme deutlich hören zu können. In der Welt, in der wir heute leben, finden die meisten von uns es schwer, ohne Ablenkung allein zu sein. Aber ganz ehrlich: Gott hat unsere Aufmerksamkeit vor allem dann, wenn wir allein sind. Suchen Sie die Einsamkeit bewusst als Gelegenheit, damit Gott zu Ihnen sprechen kann. Bauen Sie Zeiten der Ruhe in Ihr Leben und Ihren Alltag ein. Meine besten Zeiten mit Gott sind die, wo ich allein mit ihm bin.

Er HÖRT Gott zu. Gott redet oft zu uns, wenn wir durch schwierige Lebensstrecken gehen. Wenn wir vor schweren Entscheidungen stehen und nicht wissen, was wir tun sollen, kann er uns Weisung geben. In Krisenzeiten kann er uns die Kraft für den nächsten Tag geben. Wenn wir krank oder entmutigt sind, steht Gott bereit, zu uns zu reden. Schwierige Zeiten könnten *Ihr* brennender Dornbusch sein.

Er ist BEREIT. Mose sagte nur wenige Worte: „Hier bin ich“ (2Mo 3,4). Ich bin eher einer von der gesprächigeren Sorte. Ich mache zu oft zu viele Worte. Aber wenn ich spüre, dass Gott redet, bin ich bereit, zu hören. „Hier bin ich“ – das ist ein guter Anfang, um auf Gott zu hören. Und dabei zu bleiben.

Er ist DEMÜTIG. Ich kann mir viele innere Haltungen vorstellen bei einem Mann, der irgendwo in der Wüste seit 40 Jahren Schafe hütet, aber Stolz gehört nicht dazu. Dass er nicht stolz ist, gibt Mose die bestmögliche Voraussetzung dafür, Gott zuzuhören und zu gehorchen – als demütiger Mensch. Mose ist nicht der große Problemlöser oder Macher, und gerade solche Leute sucht Gott. Im Neuen Testament heißt es: „Gott widersteht den Hochmütigen, den Demütigen aber gibt er Gnade“ (Jak 4,6). Demut steht jedem von uns gut, aber am besten gefällt sie Gott, der uns seine Gnade gerade dann schenkt, wenn wir ihn am meisten brauchen.

Es ist gut möglich, dass diese Haltung der Demut das Wichtigste war, was Mose damals brauchte.[3] Und es kann sein, dass Gott Sie dadurch auf Ihre nächste Aufgabe vorbereitet, dass er Sie demütig macht. So habe ich es jedenfalls erlebt, und unzählige andere auch. Demut – das ist ein großes, reinigendes Feuer in unserer Seele, das wie damals das Feuer in dem Dornstrauch unseren Stolz wegbrennt, damit wir bereit werden für das, was Gott als Nächstes in unserem Leben tun will.

Mose hört zu. Gott hat seine Aufmerksamkeit. In 2. Mose 3 fängt Gott an, zu reden – so zu reden, dass man seinen Willen erkennen kann. Gott redet zu Mose, damit Mose ihn kennenlernen kann. Und genau das will Gott bei uns allen: dass wir ihn echt, persönlich und tief vertraut *kennenlernen.*

Wie gut kennen Sie Gott?

Neue Lebensabschnitte beginnen, wenn wir Gott so gut kennen, dass wir bereit sind, uns von ihm führen zu lassen. Solange wir ihn und seine Macht und Möglichkeiten nicht gut kennen, werden wir nie über den Tellerrand unserer Vergangenheit hinausblicken können. Wir sehen den Weg nach vorne nicht und – viel wichtiger noch – wir sehen niemand, der uns vorwärtsbringen kann. Das ist erst dann möglich, wenn wir mehr wissen über den Gott, der uns aufruft, neue Schritte zu tun.

Mose kannte Gott ganz allgemein. Er kannte die Geschichte von Gottes Volk und die vielen kleinen Geschichten, die sie ausmachten. Er kannte die Schöpfungsgeschichte und das Leben Abrahams und wie Gott Josef benutzt hatte, um das Volk Israel in der Hungersnot zu bewahren. Er wusste, warum die Israeliten in Ägypten waren, aber er wusste nicht, wie oder warum oder wann Gott sein Volk jetzt retten würde. Es schien in Vergessenheit geraten zu sein. Vielleicht hat er gebetet, aber wahrscheinlich glaubte er gar nicht mehr, dass Gott ihn hörte. Das ist es ja, was die Leute dazu bringt, die Dinge in die eigene Hand zu nehmen: Sie wissen nicht, wo Gott ist oder was er tut. Mose brauchte eine *Erfahrung* mit Gott.

Und deshalb kommt Gott zu Mose und stellt sich vor. Er beginnt mit der Aufforderung an ihn, seine Sandalen auszuziehen, „denn die

Stätte, auf der du stehst, ist heiliger Boden" (2Mo 3,5). Es ist, als ob Gott sagt: „Du erlebst einen einzigartigen Augenblick, Mose. Ich werde mich dir gleich offenbaren. Sei bereit dafür. Ich, der eine und einzige Gott, will dir begegnen." Können Sie sich das vorstellen? Haben Sie so etwas schon erlebt? Sind Sie bereit, es zu erleben?

> *Ich bin der Gott deines Vaters, der Gott Abrahams, der Gott Isaaks und der Gott Jakobs. (V. 6)*

Woraufhin Mose sein Gesicht verhüllt, „denn er fürchtete sich, Gott anzuschauen." Es war kein Augenblick der Scham oder des schlechten Gewissens. Es war der Augenblick des Erkennens. In den heiligen Schriften konnte dieser Titel – „Ich bin der Gott Abrahams, Isaaks und Jakobs" – nur den einen Schöpfergott bezeichnen. Den, der ewig ist. Mose wusste: Dies hier war der allmächtige Gott. Jede Begegnung mit diesem Gott ist *die* Begegnung schlechthin.

> *Gesehen habe ich das Elend meines Volkes in Ägypten ... ja, ich kenne seine Schmerzen. (V. 7)*

Hatte Mose in all den Jahren für Israel gebetet? Hatte er sich 40 Jahre lang gefragt, ob Gott wusste, wie verzweifelt die Lage Israels war? Hatte er immer wieder zu ihm geschrien? Wenn ja, dann finden wir hier Gottes Antwort auf diese Gebete. *Gesehen habe ich ... Ja, ich kenne ...* Es liegt in unserer Natur, Gott anzuzweifeln, aber hier ist Gottes Antwort für Mose – und für Sie und mich.

> *Und ich bin herabgekommen, um es aus der Gewalt der Ägypter zu retten und es aus diesem Land hinauszuführen in ein gutes und geräumiges Land ... (V. 8)*

Es gibt noch viel mehr Details in Gottes Worten und Verheißungen an Mose und Israel, aber der Kern ist klar: Gott hat die Gebete erhört, und Gott kommt zu ihm.

Und wie er kommt! Mose steht im Begriff, Gott besser kennenzulernen, als er es sich je träumen ließ. Gott wird ihn auf eine Art gebrauchen, die ihn völlig überwältigen wird und die seine Vergangenheit und sein bisheriges Wissen klitzeklein aussehen lassen wird. Aber als Erstes muss er *Gott persönlich kennenlernen.*

Mose stand am Ende des langen dunklen Tunnels. Der brennende Busch erhellte mehr als nur diesen Berghang. Mose stand im Begriff, in eine neue Phase seines Lebens einzutreten, die von dieser Begegnung mit Gott ihr Licht bekommen würde.

Bevor große Dinge geschehen, müssen wir Gott vertrauen

Das letzte Ziel jeder echten Gottesbegegnung ist, dass wir Gott so gut kennen, dass wir ihm unser Leben anvertrauen. Das ist die Grundlage für den Glauben, dass Gott mit uns noch nicht fertig ist. Wir müssen ihm so viel vertrauen, dass wir bereit sind, in eine neue Richtung zu gehen und neue Aufträge anzunehmen. Moses Auftrag lautete so:

> *Nun aber geh hin, denn ich will dich zum Pharao senden, damit du mein Volk, die Söhne Israel, aus Ägypten herausführst! (2Mo 3,10)*

Gott würde Mose zurück nach Ägypten bringen, zurück zu der Ziegel-Zwangsarbeit der Hebräer, zurück zum Palast des

Pharaos, und dann würde er sein Volk befreien, wie nur *er* das konnte. Gott lässt uns oft ein Stück zurückgehen, bevor es nach vorne geht. Manchmal müssen wir dorthin zurück, von wo wir geflüchtet sind. Wir müssen zurück an den Ort unserer Verletzungen gehen und vergeben. Oder zurück an den Ort unserer Rebellion und unseres Eigenwillens. Oft ist es ein Ort, wo Gott die Arbeit, die er an uns begonnen hatte, fortsetzen will, wie bei Mose.

Wenn ich an Moses Stelle gewesen wäre, ich hätte mich an den so schmählich gescheiterten ersten Befreiungsversuch erinnert, der seitdem wie ein Klotz an meinem Bein klebte. Aber ich glaube, noch lauter wären die Worte Gottes gewesen, die er gerade sagte. Hören Sie vor allem auf Gottes Stimme!

Die nächsten 30 Verse sind ein atemberaubender Dialog zwischen Mose und Gott. Lesen Sie diesen Abschnitt bitte ganz durch. Er zeigt uns ohne Wenn und Aber, wie schwer uns das Vertrauen fällt, wenn Gott uns ruft. Mose kommt mit einem Einwand nach dem anderen.

Wer bin ich, dass ich zum Pharao gehen ... sollte? (2Mo 3,11)
Was soll ich dann zu ihnen sagen? (3,13)
Und wenn sie mir nicht glauben und nicht auf meine Stimme hören ...? (2Mo 4,1)
Ach, Herr! Ich bin kein redegewandter Mann ... (4,10)

Auf jeden Einwand hat Gott eine Antwort. Wenn ich Moses Einwände lese, muss ich an meine eigenen zahlreichen Vertrauenskrisen auf meinem Weg mit Gott denken, und stelle fest, dass Gott immer die richtige Antwort hatte.

Erst spät lesen wir im 4. Kapitel:

Darauf ging Mose hin und kehrte zu seinem Schwiegervater Jitro zurück und sagte zu ihm: „Ich möchte gern gehen und zu meinen Brüdern zurückkehren, die in Ägypten sind …" (V. 18)

Gott hat Mose verändert. Er hat ihm gezeigt, dass er nie mehr allein sein wird. Und Mose? Er war nun bereit, das zu tun, was Gott von ihm verlangte. Wenn Gottes „ICH BIN" zu meinem „Ich will" wird, geschehen erstaunliche Dinge. Aber dazu müssen wir glauben, dass Gottes Plan viel besser ist als unserer. Wie der amerikanische Pastor Tony Evans sagt: „Wenn du den Super Bowl[4] gewinnen willst, reicht es nicht, dass du den Glauben eines Spielers aus der Schüler-Liga hast." Was jedem von uns einleuchtet. Und was für den Sport gilt, gilt erst recht für das Leben.

Gott hat auch andere verändert in den 40 Jahren. Israel ist jetzt bereit. Moses Gegner sind nicht mehr da. Ägypten ist reif für das Gericht. Es ist Zeit, zurückzugehen.

Als Mose anfing, Gott zu gehorchen, und den ersten Schritt zurück von Midian nach Ägypten machte, begann er die erstaunliche Reise der Aufarbeitung seiner Vergangenheit, und an jeder Station war Gott bei ihm – bei der Konfrontation mit dem Pharao, bei den Plagen und dem Auszug von Gottes Volk, beim Zug durch das Schilfmeer und weiter zu dem Berg, wo Mose den brennenden Strauch gesehen und seine Berufung bekommen hatte.

Gott scheint seine Menschen daran zu erinnern, dass er mit ihnen noch nicht fertig ist. Er tut dies bei solchen, die wir prominent nennen würden, und bei den ganz Gewöhnlichen, aber er fängt immer damit an, dass er uns aus der Dunkelheit und dem Schatten herausruft. Ob es ein Frank ist oder ein Mose – Gott weiß um uns, er kümmert sich um uns, er hat eine Berufung für uns.

Bei Saulus geschah es auf der Straße nach Damaskus, als er die Stimme hörte: „Saul, Saul, was verfolgst du mich?“ (Apg 9,4). Bei Petrus kam es, als Jesus, den er verleugnet hatte, ihn fragte: „Simon, ... hast du mich lieb?“ und ihm den Auftrag gab: „Weide meine Schafe!“ (Joh 21,17).

Für mich kam der Augenblick, als Gott mich ganz leise und sanft aufforderte, weiterzumachen, trotz meiner Verwirrung, meiner Wut und meines Schmerzes. Er machte mir klar: *Ich bin noch nicht fertig mit dir. Deine Geschichte ist noch lange nicht zu Ende.*

Ist es Zeit für *Ihr* Comeback? Gibt es etwas in Ihrem Leben, das Sie unter die Füße kriegen müssen? Wo Sie eine Kehrtwendung machen müssen, damit sie wieder Gottes Stimme hören und ihm vertrauen können?

Ich hatte Sie vorhin gebeten, sich vorzustellen, wie das war, als Mose Gott begegnete. Darf ich Sie wieder zu etwas auffordern? Fragen Sie sich, was Gott Ihnen hier und jetzt zu sagen hat. Und wie Sie ihm antworten können.

Vielleicht flüstert Gott Ihnen ja auch in diesem Augenblick zu: *Ich bin noch nicht fertig mit dir. Lass uns die Reise gemeinsam fortsetzen.*

2

Das 50/20-Prinzip

Die Geschichte von Josef

Ihr zwar, ihr hattet Böses gegen mich beabsichtigt;
Gott aber hatte beabsichtigt, es zum Guten zu wenden.

1. Mose 50,20

Wir alle kennen Menschen, die in ihrem Leben viel mitgemacht haben. Bei den einen hinterlässt eine einmalige Katastrophe jahrelange Spuren, bei anderen kommen die Krisen sozusagen in Wellen, immer wieder neu. Das Leben scheint ihnen einfach nicht gelingen zu wollen. Fast immer enttäuscht es sie, und ihre Freunde verstehen die Welt nicht mehr.

John und Daniela (die Namen wurden geändert) sind ein Beispiel für solche Menschen. John wuchs in einem kaputten Elternhaus auf. Die seelischen Wunden, die er dort erlitt, hinterließen jahrzehntelang Nachwirkungen. Als Daniela in sein Leben trat, gründeten sie eine Familie und die gemeinsame Reise ihres Glaubens begann mit großen Hoffnungen und den besten Vorsätzen. Sie durchlebten die typischen Probleme einer jungen Familie, aber selbst Außenstehende konnten sehen, dass diese Probleme bei ihnen viel größer, tiefgehender und häufiger waren als bei den meisten anderen Menschen. Es war nie weit bis zur nächsten Krise. John, der ein Multitalent war, versuchte verbissen, in der Arbeitswelt „seinen" Platz zu finden, aber Türen, die offen hätten sein sollen, knallten zu, sobald er sich ihnen näherte.

John und Daniela erlebten kurze Phasen der Stabilität, dann kam plötzlich der nächste Crash, und sie mussten wieder von vorne anfangen. Endlich schien sich eine Karrierechance für John zu öffnen – doch dann kamen falsche Anschuldigungen auf, die sich später alle als haltlos erwiesen. Trotzdem, obwohl er unschuldig war, verlor John seine Stelle. Das Paar versuchte einen Neustart in einer anderen Stadt, nur um völlig unerwartet schwere Gesundheitsprobleme zu bekommen. Solche Dinge wurden zu einem Grundmuster in ihrem Leben.

Heute sind John und Daniela beide über 50 und haben ihre Gesundheitsprobleme hinter sich gebracht. Sie suchen immer noch nach der richtigen offenen Tür und beißen sich durch die nächsten Probleme. Sie machen weiter und weigern sich aufzugeben. Sie glauben nach wie vor, dass Gott sie führt und beschützt. Es ist faszinierend mitzuerleben, wie sie sich nicht unterkriegen lassen. Man fragt sich unwillkürlich: „Was ist das Geheimnis dieses unverdrossenen Gottvertrauens?"

Wie gehen John und Daniela mit den schweren, unausgesprochenen Fragen um, wie z. B.: *Wo ist Gott, wenn immer wieder alles schiefgeht? Wie kann ich wissen, dass er ein* guter *Gott ist?*

Jeder von uns geht durch schwierige Phasen. Wir sind erleichtert, wenn wir sie rasch hinter uns gebracht haben und das Leben wieder normal wird. Aber was, wenn diese schwierigen Wegstrecken auf einmal sehr lang werden? Was sollen wir über das Leben glauben, wenn wir *ständig* Probleme und Krisen erleben?

Gott hat noch etwas mit uns vor

Manchmal ist das Leben echt hart, und es scheint kein Ende in Sicht. Manchmal wird es schlimmer und nicht besser. Manchmal wird der Schmerz immer stärker.

Für alle, die kämpfen, ist die Geschichte von Josef die vielleicht größte Mutmachgeschichte in der ganzen Bibel. Wir finden Josefs Leben im ersten Buch der Bibel; fast 14 Kapitel sind dem gewidmet, was er erlebt hat.

Am *Ende* dieser langen Geschichte trifft Josef eine unglaubliche Aussage über Gottes Allmacht und enthüllt ein Geheimnis, auf das wir unser Leben gründen können:

Ihr zwar, ihr hattet Böses gegen mich beabsichtigt; Gott aber hatte beabsichtigt, es zum Guten zu wenden. (1Mo 50,20)

Aufgrund der Bibelstelle nenne ich dies das 50/20-Prinzip. Es wird auf dem Höhepunkt von Josefs Leben enthüllt und ist schlicht eine Erinnerung daran, dass, egal, wie unser Leben zurzeit aussieht, wir eines Tages im Rückblick erkennen werden, dass Gott es auf eine sinnvolle Art gebraucht hat. Es geht nicht um die volle Sehstärke, den sog. 20/20-*Visus*, sondern um die 50/20-*Vision*.

Es gibt einen wichtigen Grund, warum ich die Geschichte von Josef von hinten aufzäume. Was Gott am Ende für Josef tat, will er auch für andere tun; das hat er versprochen. Es ist äußerst wichtig, dass Sie *Ihre* Geschichte ebenfalls von diesem Ende her sehen lernen.

Es hat seine Vorteile, am Ende anzufangen. Es hilft uns, Menschen und Umstände richtig einzuordnen. Nicht jeder, der gegen uns ist, erweist sich als unser Feind. Nicht jeder Rückschlag führt zur Katastrophe. Nicht jede falsche Anschuldigung ist unter dem Strich sinnlos. Aber wenn wir mitten in unseren Problemen stecken, können wir das Gute an unserem Schmerz nicht sehen; dazu müssen wir das Ende der Geschichte kennen.

Diese Betrachtungsweise vom Ende her hilft uns auch, nicht zu vergessen, dass Gott immer am Werk ist – auch wenn es keine äußeren Anzeichen dafür gibt. Es hilft mir, darauf zu vertrauen, dass die Nöte und Prüfungen des Lebens ihren Sinn haben. Auch wenn ich der Person bzw. Situation, die mein Problem verursacht, nicht trauen kann – *einem* kann ich trauen. Es geht um nicht weniger als darum, an die Existenz und das Wirken des einen, allmächtigen Gottes zu glauben, der am Ende zeigen wird, wie alles in unserem Leben zusammenwirkt. Auf einen Nenner gebracht: Dieses Denken hilft uns, im Glauben zu leben.

Wenn Menschen uns ablehnen

Aber jetzt zum Anfang von Josefs Geschichte.

Schon der junge Josef wusste, was es bedeutet, **abgelehnt** zu werden. Die meisten konzentrieren sich bei Josefs Geschichte auf den „bunten Rock" und die Bevorzugung Josefs durch seinen Vater Jakob, aber es gibt eine tiefere, schmerzlichere Dimension, die Josefs Leben dominiert.

In Josefs Familie waren Reibereien und Konflikte ständig gegenwärtig. Seine Mutter, Rahel, starb, als sie seinen jüngeren Bruder, Benjamin, zur Welt brachte. Bevor die beiden geboren wurden, hatte ihr Vater Jakob bereits zehn andere Söhne gezeugt. Wer die Geschichte der Familie in 1. Mose 29–30 liest, der erlebt die vielleicht gestörteste Familie in der ganzen Bibel.

Der biblische Bericht stellt klar, dass Josef Jakobs Liebling war:

> *Und Israel [Jakob] liebte Josef mehr als all seine Söhne, weil er der Sohn seines Alters war; und er machte ihm einen bunten Leibrock. (1Mo 37,3)*

Die Bevorzugung einzelner Kinder ist in jeder Familie ein Problem, aber in dieser ganz besonders:

> *Als aber seine Brüder sahen, dass ihr Vater ihn mehr liebte als alle seine Brüder, da hassten sie ihn und konnten ihn nicht mehr grüßen. (V. 4)*

Können Sie sich vorstellen, wie Josef diesen bunten Rock vor den Augen seiner neidischen Brüder trug? Josef war damals ein Teenager, der nicht merkte, was sich da in seiner Familie zusammenbraute. Die ganze Zeit schon Papas Liebling, und jetzt dieses

Prachtgewand, das er sichtlich liebte – die Feindseligkeit seiner Brüder wuchs und wuchs. Und dann lesen wir das:

Und Josef hatte einen Traum, den erzählte er seinen Brüdern; da hassten sie ihn noch mehr. (V. 5)

Dieser Traum, in welchem seine Brüder und sein Vater sich vor ihm verneigten, war wie ein Funke, der ein Feuer entzündet. Josefs Träume sollten sich als wichtig, ja prophetisch erweisen, aber als er sie erzählte, erzeugten sie nur Verachtung, steigerten den Hass und die Eifersucht seiner Brüder nur noch mehr, und selbst sein Vater rügte ihn.

Eines Tages schickt Jakob Josef los, um nachzusehen, wie es seinen Brüdern geht, die weiter weg ihre Schafe weiden. Als die Brüder Josef aus der Ferne erspähen, hecken sie in ihrer Eifersucht einen Plan aus:

Als sie ihn von ferne sahen und bevor er sich ihnen genähert hatte, da ersannen sie gegen ihn den Anschlag, ihn zu töten. (V. 18)

Der älteste Bruder, Ruben, kann sie von dem Mordplan abbringen, aber was dann passiert, ist immer noch schlimm genug:

... da zogen sie Josef seinen Leibrock aus, den bunten Leibrock, den er anhatte. Und sie nahmen ihn und warfen ihn in die Zisterne. (V. 23-24)

Versetzen wir uns in Josefs Lage. Er ist verachtet, gehasst, die Zielscheibe von Mordplänen; die Männer, die ihn hassen, haben ihn in eine leere Zisterne geworfen. Und das ist seine Familie! Sein Schicksal wird gerade von zehn hasserfüllten Männern entschieden – wahrlich keine beneidenswerte Lage.

Gemeinsam beschließen sie Josefs Schicksal und verkaufen ihn an eine midianitische Karawane, die gerade zur richtigen Zeit vorbeikommt.

Die nächsten zwölf Tage ist Josef nach Ägypten unterwegs. Mit jedem Schritt wird er sich gefragt haben, was da falsch gelaufen war und was nun aus seinem Leben werden würde. Dies ist typisch für die Opfer von Ablehnung. Sie lassen den Film ihres Lebens an sich vorbeiziehen – auf einer dunklen Leinwand.

Abgelehnt werden ist etwas, das tief in unsere Seelen einsinkt. Es ist ein Anschlag auf unser Selbstbild, unseren Wert, unsere Zukunft. Zur Ablehnung kommt es, weil wir „anders" sind oder nicht zur „Clique" gehören. Unser Aussehen, unser Verhalten, unsere Hautfarbe oder Herkunft – all das kann eine Rolle spielen. Und natürlich das, was wir sagen oder tun.

Doch noch stärker als diese Faktoren ist in Josefs Geschichte die schiere Grausamkeit und Gefühllosigkeit seiner Brüder. Sie waren voll von Hass und Neid.

Ich erinnere mich an eine Zeit in meinem Leben, in der ich eine massive Ablehnung spürte. Nein, ich bildete mir das nicht ein, es war echt. Ich weiß noch, wie ich ins Grübeln kam und Zweifel an mir selbst und am Sinn meines Lebens bekam. Lange Zeit dachte ich, dass die Schuld bei mir lag – bis ich eines Tages erkannte, dass das Problem ja gar nicht bei mir lag, sondern bei den anderen.

Dabei hatte ich die Ablehnung, die mir da von anderen Menschen entgegenschlug, völlig falsch verstanden. Nicht Gott lehnte mich ab, sondern nur ein paar Menschen. Mein Kampf mit diesem Gefühl des Abgelehntwerdens endete auf dem Parkplatz meines Colleges, wo ich eines Abends in meinem Auto saß und in meinem Elend zu Gott schrie. Ich war am Ende – dachte ich jedenfalls.

Und in diesem Augenblick vernahm ich auf einmal etwas von Gott. Er sprach zu mir auf eine Art, die ich nie vergessen werde. Er legte mir, wie er das öfter bei mir macht, eine ganz einfache Frage auf das Herz:

***Ich** nehme dich an! Ist das nicht genug?*

Das war alles, was ich wahrnahm, und es verlangte eine Antwort. Ich wusste: Gott wartete darauf. In diesem langen, heiligen Augenblick der Stille ging mir eine neue Wahrheit auf, die mein ganzes Gottvertrauen verlangte. Und meine Antwort war: *Ja, Gott, du bist genug.*

Dass Jesus Christus mein Herr und Erlöser war, diese Frage hatte ich längst in meinem Herzen mit „Ja" beantwortet. Schon mehrere Jahre zuvor hatte ich mich für ihn entschieden. Ich kannte das Evangelium – die frohe Botschaft, dass Gott aus bedingungsloser Liebe zu uns Jesus geschickt hatte, damit er am Kreuz für unsere Sünde starb. Ich hatte längst beschlossen, an Jesus als meinen Erlöser zu glauben, aber ich hatte das so verstanden, dass es bei dieser Erlösung in erster Linie um die Ewigkeit ging, um das, was nach dem Tod geschieht. Nun, an jenem Abend dort auf dem Parkplatz ging mir mit einem Mal das *Hier und Jetzt* der Realität und Macht von Jesu Vergebung und seiner bedingungslosen Annahme von mir auf. Ich begann, seine Gnade und sein Ja zu mir als etwas zu erleben, das – völlig unverdient – für meinen ganzen *Alltag* galt, und ich lernte es, in diesem Bewusstsein zu leben. Es hat mich zu einem anderen Menschen gemacht.

Von diesem Augenblick an begannen bestimmte Bibelverse in meinem Herzen zu arbeiten – Wahrheiten, die mein Selbstbild umkrempelten. Ich fing an, zu glauben, dass ich (wie alle anderen, die zu Jesus kommen) gesegnet bin ...

> *... mit dem ganzen geistlichen Segen aus der Himmelswelt ... Denn in Christus hat er uns ... erwählt ... durch Jesus Christus seine Kinder zu werden. ... Durch ihn wurden wir freigekauft ... und in ihm sind uns alle Vergehen vergeben. Das verdanken wir allein Gottes unermesslich großer Gnade, mit der er uns überschüttet hat. (Eph 1,3-8; NeÜ)*

Diese Erfahrung wurde ein Wendepunkt in meinem Leben. Ich begriff, dass alles, was wir wirklich brauchen, Gottes Liebe ist, die uns annimmt, und dass wir sie ganz umsonst bekommen können. Haben Sie diesen Wendepunkt schon erlebt?

Wenn Menschen Sie ablehnen – Gott tut es nicht

Wir erfahren nichts über Josefs Glauben, während die Händler ihn nach Ägypten brachten, aber wir sehen diesen Glauben, als er dann in Ägypten ist. Dort zeigt er eine Hingabe an Gott und eine Unabhängigkeit von den Meinungen und Launen der anderen, die mir zeigen, wie sehr er Gott vertraute – auch dann, wenn er schmerzlichste Ablehnung erfuhr.

Ohne solches Gottvertrauen können wir nicht nach vorne gehen, vor allem dann nicht, wenn die Probleme nicht aufhören wollen.

Wenn unser Charakter schlechtgemacht wird

Josefs nächste Herausforderung heißt **Verleumdung**.

In Ägypten angekommen, wird Josef an Potifar, einen der Befehlshaber der Leibwache des Pharaos, verkauft, und es geschieht etwas Unerwartetes: Auf den Abstieg vom Lieblingssohn zum Haussklaven folgt ein rascher Aufstieg im Ansehen Josefs in dessen neuer Umgebung:

> *Der HERR aber war mit Josef, und er war ein Mann, dem alles gelang; und er blieb im Haus seines ägyptischen Herrn. (1Mo 39,2)*

Wiederholungen sind in der Bibel immer Hinweise auf etwas Wichtiges. Hier, in 1. Mose 39, erscheint ein wahrhaft ermutigender Satz nicht weniger als viermal: „Der HERR war mit Josef.“ Nach der Ablehnung und der inneren Einsamkeit, die Josef durchgemacht hat, ist dies ein Satz, der Hoffnung macht. Wenn Gott mit mir ist – ist das nicht genug?

Potifar erkennt, was er an Josef hat, und macht ihn zu seiner rechten Hand in seinem Haus.

Aber noch jemand anderes ist auf Josef aufmerksam geworden: Potifars Frau. Sie sieht den jungen Günstling, der an keine Frau gebunden ist, und dass er „schön von Gestalt und schön von Aussehen“ ist (1Mo 39,6).

Diesen Mann muss sie haben! Sie versucht ebenso unverblümt wie hartnäckig, ihn zu verführen. Doch Josef weiß, dass er Gott und Potifar treu bleiben muss. Eines Tages, als gerade keine anderen Diener in der Nähe sind, sieht Potifars Frau die Gelegenheit gekommen. Sie hält Josef an seinem Gewand fest und fordert ihn auf, ihr gefügig zu sein. Er weigert sich und flüchtet, sein Gewand zurücklassend. Voller Wut beginnt sie sofort, Josef zu verleumden.

Josef hat alles richtig gemacht, aber es läuft nicht gut für ihn. Manchmal ist das Leben furchtbar ungerecht.

Ablehnung kommt nicht nur dann, wenn wir etwas falsch machen; manchmal kommt sie gerade deswegen, weil wir es *richtig* gemacht haben und weil dieses Richtige gegen den Strich der Menschen und der Kultur um uns herum geht. Wir erfüllen nicht die Erwartungen, die andere an uns haben, wir passen nicht in ihr Narrativ. Josef macht alles richtig, aber es geht alles schief und Potifar wirft ihn ins Gefängnis.

Potifars Frau hat Böses gegen Josef im Sinn. Sie „bestraft“ ihn. Jetzt ist Josef nicht nur ein Sklave, er ist ein böser Ausländer, der von einer mächtigen Frau der versuchten Vergewaltigung beschuldigt wird. Es gibt nur ein Urteil: „Schuldig!“ Josef landet im Gefängnis.

Was Josef hier passiert, ist in jeder Hinsicht ungerecht.

Verleumdungen zermürben uns. Sie lähmen uns und blockieren unser Weiterkommen im Leben. Sie ruinieren unseren Ruf und lassen uns an der Gerechtigkeit verzweifeln. Wie kann Gott, der doch alles weiß und sieht, das zulassen? Wir fragen: „Wo ist Gott?“

Aber wieder erlebt Josef Gottes Güte:

> *Der Herr aber war mit Josef und wandte sich ihm in Treue zu und gab ihm Gunst in den Augen des Obersten des Gefängnisses. (1Mo 39,21)*

Wenn andere das Schlimmste über uns glauben, steht Gott an unserer Seite

Wenn wir das Kapitel lesen, wo Josef verleumdet wird, sehen wir, dass dort, wo alle anderen ihn fallen gelassen haben, Gott ihn ermutigt – indem er unsichtbar zu ihm steht. Der Gefängnisverwalter findet einen ebenso loyalen Josef vor wie vor ihm Potifar, und Josef steigt erneut auf.

Aber sein Leben bleibt schwierig, und wir fragen uns: „Wann wird das enden?"

Manchmal fragen wir uns ja dasselbe: *Wann wird diese Phase in meinem Leben vorbei sein? Wann bin ich endlich wieder gesund? Wann habe ich wieder eine feste Arbeitsstelle? Wann wird meine Familie wieder zusammen sein? Wann wird Gott mein Gebet erhören?*

Wir stellen eine Menge Fragen, die mit „wann" anfangen, weil uns das Warten so schwerfällt.

Josef musste viel warten. Elf Jahre lang war er in Potifars Haus gewesen, als er ins Gefängnis kam. Und jetzt ist er lange genug im Gefängnis gewesen, um das Wohlwollen des Gefängnisverwalters zu erlangen und ein Vertrauter der anderen Insassen zu werden, unter denen zwei hohe Diener des Pharaos sind: der oberste Mundschenk und der oberste Hofbäcker.

Isolation und Einsamkeit

Josef erlebt dort im Gefängnis die nächste große Prüfung in seinem Leben; es ist das Erleben von **Einsamkeit und Isolation**. Alle scheinen ihn vergessen zu haben im Gefängnis des Pharaos. Weiß überhaupt noch jemand, wo er ist?

Haben Sie sich schon einmal gefragt, ob wenigstens Gott weiß, wo Sie sind? Ich weiß noch, wie ich vor Jahren mit einem großartigen christlichen Paar sprach, das in einer entlegenen Gegend der USA für Gott im Einsatz war. Unsere Gemeinde hatte die beiden zu einer Konferenz eingeladen, und die Frau sagte glatt: „Wie haben Sie uns überhaupt gefunden? Manchmal frage ich mich, ob Gott noch weiß, wo wir sind.“ Wenn wir ehrlich sind, fragen wir uns manchmal dasselbe.

Gott, wo bist du? Wenn du da bist und wenn du weißt, was ich durchmache, dann zeige dich mir! Sag etwas! Mach etwas!

Dachte Josef auch so? Wenn ja, können wir ihm dafür sicher keine Vorwürfe machen.

Josef war in kürzester Zeit von der rechten Hand Potifars zu einem gewöhnlichen Gefangenen abgestiegen. Nun, als die beiden prominenten Häftlinge aus dem Palast des Pharaos erschreckende Träume haben, sind sie am nächsten Morgen richtig niedergeschlagen. Josef bemerkt es und spricht sie an, und sie erzählen ihm ihre Träume.

Josef deutet die Träume, und siehe da, was er sagt, wird wahr. Der Bäcker wird hingerichtet, der Mundschenk wird in sein altes Amt wiedereingesetzt. Das ist die große Chance für Josef.

Aber der Oberste der Mundschenke dachte nicht mehr an Josef und vergaß ihn. (1Mo 40,23)

Gibt es etwas Schlimmeres, als so einsam und vergessen zu sein, dass man sich fragt: „Ist mein Leben vorbei? Ist Gott mit mir fertig?“

Es gibt Abschnitte im Leben, wo die Psalmisten und die Propheten fragen: *Wie lange, Gott?* Es sind die Stunden, in denen wir uns fragen, wo Gott ist und was das soll, was wir da durchmachen.

Bis wann, Herr? Willst du für immer mich vergessen?
Bis wann willst du dein Angesicht vor mir verbergen?
Bis wann soll ich Sorgen hegen in meiner Seele,
Kummer in meinem Herzen bei Tage? (Ps 13,2-3)

Gott weiß genau, wo wir sind

Kennen Sie Google Earth? Das Programm hat eine faszinierende Funktion: Man kann auf der Karte auf einen Punkt seiner Wahl hinunterzoomen und dieses Areal in allen Details studieren. Jemand hat einmal auf diese Weise eine Nahansicht von einem auf einer schönen Wiese sitzenden Menschen erhalten. Wenn man will, kann man von diesem Menschen aus wieder hinauszoomen, bis man die ganze Erdkugel sieht und dann die Planeten und das Sonnensystem. Es ist eine interessante Art, das Universum zu betrachten. Und es ist lehrreich, zu erkennen, wie winzig ein Mensch in unserer gigantischen Welt ist. Mir zeigt es einmal mehr, wie leicht es ist, vergessen zu werden im Ozean der Menschheit.

Aber wenn wir dann den Zoom wieder umkehren, sehen wir, wie das Weltall immer mehr in den Hintergrund rutscht, bis wir wieder bei derselben Person auf der blühenden Wiese angelangt sind.

Was Google Earth mit modernster Technologie macht, macht Gott jede Sekunde unseres Lebens in der Wirklichkeit. Er sieht uns und verliert uns nicht aus den Augen in den Weiten seiner Schöpfung. Jeden Augenblick „zoomt" er hinab, blickt auf die Details unseres Lebens, auch dann, wenn wir es nicht merken.

Manchmal brauchen wir solche Erinnerungen.

Gott sieht Sie und weiß, wo Sie sind: „Euer himmlischer Vater weiß ...“ (Mt 6,32)

Während Sie warten, wirkt Gott: „Lehre mich ... leite mich ... auf dich harre ich ...“ (Ps 25,4-5)

Eines Tages werden Sie zurückschauen und erkennen, dass Gott Sie nie verlassen hat. „Ich will dich nicht aufgeben und dich nicht verlassen.“ (Hebr 13,5)

Und wenn alle uns vergessen haben: Gott denkt an uns

Wenn wir das Ende der Geschichte von Josef kennen, dann wissen wir, dass Gott dabei war, ihn auf unerhörte Aufgaben und auf unglaubliche Begegnungen in der Zukunft vorzubereiten. Josef selbst wusste das nicht. Er hatte keinen blassen Schimmer davon. Und wir haben das in unserem Leben oft auch nicht.

Manchmal können wir nur warten.

Der anglikanische Pastor und Autor Nicky Gumbel hat es einmal so ausgedrückt: „Wer ich werde, während ich warte, ist genauso wichtig wie das, worauf ich warte.“

Josefs Lebensreise war voll von Schmerz und Tücke. Keiner der Menschen in seinem Leben erwies sich als vertrauenswürdig – nur

Gott. Wenn Sie wie Josef werden wollen, müssen Sie lernen, weniger den Menschen und mehr Gott zu vertrauen.

Und jetzt kommen wir zurück zum Ende der Geschichte, wo wir angefangen haben: zu dem 50/20-Prinzip.

> *Ihr zwar, ihr hattet Böses gegen mich beabsichtigt; Gott aber hatte beabsichtigt, es zum Guten zu wenden. (1Mo 50,20)*

Das große Finale

Eines Tages, während Josef weiter wartet, hat der Pharao in seinem Palast zwei höchst beunruhigende Träume, die ihm niemand deuten kann. Da erinnert sich der oberste Mundschenk plötzlich an Josef und erzählt dem Pharao von ihm, der Josef prompt holen lässt.

Der Pharao erzählt Josef, was er geträumt hat, und Gott zeigt Josef, was die Träume bedeuten: Es wird sieben Jahre der Fülle geben und danach sieben Hungerjahre. Josef hat auch einen Rat für den Pharao parat: Er soll einen weisen Mann über das Land setzen, der es auf diese noch nie dagewesenen Jahre vorbereitet. Der Pharao verliert keine Zeit, seine Maßnahmen zu treffen. Er sagt zu Josef:

> *Nachdem dich Gott dies alles hat erkennen lassen, ist keiner so verständig und weise wie du. Du sollst über mein Haus sein, und deinem Mund soll mein ganzes Volk sich fügen; nur um den Thron will ich größer sein als du. (1Mo 41,39-40)*

Was ist hier passiert? Vor dem Pharao steht ein einsamer, verachteter Ausländer, der im Gefängnis ist, weil er versucht haben soll, die Frau eines hohen Beamten zu vergewaltigen – und der Pharao macht ihn im Handumdrehen zum zweitmächtigsten Mann in Ägypten! Sicher, die Weisheit, die Gott Josef gegeben hat, beeindruckt ihn tief, aber es ist doch eine Entwicklung, die einem den Atem nimmt.

Jetzt sitzt Josef an den Schaltstellen der Macht im Land, und 1. Mose 41–50 zeigen uns, wie sich das, was Gott in den Träumen geoffenbart hat, bis ins Detail erfüllt. Die Hungersnot gibt Josef eine Gelegenheit, seinen Brüdern zu vergeben und seine Familie wiederherzustellen. Ja mehr noch: Josef kann seine Verwandten vor dem Hungertod retten und Jakob und dem Volk Israel eine Zukunft geben.

Das konnte nur Gott möglich machen – und er tat es durch das Leben, die Nöte und Strapazen und den Charakter Josefs, wie er sich in den vielen Jahren herausgebildet hatte. Gott war noch nicht fertig mit Josef!

Charakter ist wichtig. Integrität schützt. Beharrlichkeit wird belohnt. Die Nacht der widrigen Umstände lässt Josefs Charakter hell leuchten. Jedes Detail wird von Gott benutzt.

Hätten seine Brüder Josef nicht so gehasst, hätten sie ihn nicht als Sklaven verkauft.

Ohne den zwölftägigen Fußmarsch wäre Josef nicht bis nach Ägypten gekommen.

Ohne die Verleumdungen von Potifars Frau wäre er nicht im Gefängnis gelandet.

Ohne seine Haft wäre er nie dem obersten Mundschenk begegnet.

Ohne den Mundschenk hätte der Pharao ihn nie zu sich beordert.

Ohne Gottes Gegenwart hätte Josef all das niemals geschafft.

Die Puzzleteile fügen sich perfekt zusammen. Lesen wir noch einmal den Satz, der das 50/20-Prinzip so perfekt zum Ausdruck bringt. Sie werden noch öfter an ihn denken in Ihrem Leben:

> *Ihr zwar, ihr hattet Böses gegen mich beabsichtigt; Gott aber hatte beabsichtigt, es zum Guten zu wenden, um zu tun, wie es an diesem Tag ist, ein großes Volk am Leben zu erhalten. (1Mo 50,20)*

Das Neue Testament drückt das Prinzip von 1. Mose 50,20 so aus:

> *Wir wissen aber, dass denen, die Gott lieben, alle Dinge zum Guten mitwirken, denen, die nach seinem Vorsatz berufen sind. (Röm 8,28)*

Selbst das Böse wendet Gott souverän zum Guten

Christopher Ash stellt in seinem Artikel „Wer steckt hinter deinem Leid?“[5] eine wichtige Frage:

> *Wie können wir uns die Souveränität Gottes in einer Welt vorstellen, in der es den Satan und das Böse gibt? Einerseits könnten wir den Satan außen vor lassen und davon ausgehen, dass Gott alles, was geschieht, einfach direkt lenkt (was Gott für die Sünde und das Böse verantwortlich machen würde). Andererseits könnten wir den Satan (oder die Sünde) als eine von Gott unabhängige, autonome Kraft des Bösen verstehen, was das Universum zu einem erschreckend unsicheren Ort machen würde, da wir ja nie im Voraus wüssten, wer*

die nächste Runde im Kampf zwischen Gott und dem Satan gewinnen wird.

Beide Alternativen sind natürlich falsch. Tatsache ist: Gott ist in seiner Allmacht fähig, die Handlungen böser Menschen so zu lenken und zu steuern, dass sie auf sein göttliches Ziel ausgerichtet sind. Letztlich müssen selbst der Satan und das Böse Gottes Zielen für unser Leben dienen. Das größte historische Beispiel dafür ist das Kreuz Christi, wo Gott das Böse der Menschen, die Jesus ans Kreuz brachten, in seinen Plan einbaute, die Menschen durch das Opfer seines Sohnes zu erlösen.[6] Das Böse, das die Menschen vorhatten, wendete Gott zum Guten.

Wenn Gott das komplizierte Gefüge der Geschichte Josefs zum Guten benutzen konnte, kann er dasselbe auch bei uns tun. Wenn Gott Josef durch die Bitterkeit des Abgelehntwerdens, die Ungerechtigkeit falscher Beschuldigungen und die Einsamkeit des Vergessenwerdens sicher hindurchgeführt hat, warum sollte er nicht bei Ihnen dasselbe tun können?

Derek Redmond ist ein Name, den ich nie vergessen werde. Der 400-Meter-Läufer war der britische Rekordinhaber für diese Disziplin und gewann bei zwei Weltmeisterschaften die Goldmedaille. Im Halbfinal-Lauf bei den Olympischen Sommerspielen in Barcelona 1992 war er mit voller Kraft unterwegs, als plötzlich seine Achillessehne riss. Aus der Traum. Aber Redmond weigerte sich, einfach aufzugeben. Obwohl alle anderen Läufer längst über die Ziellinie waren, versuchte er trotz großer Schmerzen, den Lauf zu beenden, indem er mit Pausen jeweils ein, zwei Meter weiterhinkte oder -hüpfte. Die Kameras und die Zuschauer richteten ihre Aufmerksamkeit weg von der Ziellinie auf diesen Mann, der – es war unglaublich – sich weigerte, das Rennen aufzugeben.

Dann schwenkten die Kameras plötzlich zu einem anderen Mann – einem älteren Herrn, der über die Barrieren zwischen den Zuschauern und der Aschenbahn kletterte, das verdutzte Sicherheitspersonal beiseiteschob und neben Derek Desmond trat. Später erfuhren wir, dass dieser Mann sein Vater war. Gemeinsam überquerten Vater und Sohn die Ziellinie, unter dem frenetischen Applaus der Zuschauer. Mich berührt dieses Video immer wieder neu, wenn ich es mir ansehe.

Ich weiß nicht mehr, wer in jenem Jahr in Barcelona die Goldmedaille über 400 Meter gewann. Aber nie werde ich den Mann vergessen, der den beschwerlichsten, aber gleichzeitig wohl heldenhaftesten Wettlauf jenes Tages schaffte: Derek Redmond.

Derek war der Mann, der den Lauf bis zum Ende durchhielt, weil er die Zähne zusammenbiss. Und weil sein Vater da war.

So werden auch Sie am Ziel ankommen. Mit der Beharrlichkeit, die nur der bekommt, der durch Leid und Hindernisse Vertrauen lernt und innerlich wächst. Und gemeinsam mit Ihrem Vater – Ihrem himmlischen Vater – werden Sie den Lauf vollenden.

3

Gott gibt echte Hoffnung

Die Geschichte von Ester

Und wenn ich umkomme, so komme ich um!

Ester 4,16

Wohl jeder ist schon einmal verzweifelt gewesen. Das Wörterbuch definiert *Verzweiflung* als den Verlust von Hoffnung; man kann sich nicht mehr vorstellen, dass die Situation, in der man sich befindet, ja, dass das Leben wieder besser werden wird. Der Verzweifelte flüchtet in wilden Aktionismus, um die Lage doch noch irgendwie zu verändern, oder er verfällt der Passivität – und wartet auf das unvermeidliche Ende.

Verzweiflung und Hoffnungslosigkeit – das ist unsere Situation, wenn wir glauben, dass Gott mit uns fertig ist. Wir landen meist deswegen dort, weil unser Leben keinen Sinn mehr zu machen scheint. Nichts passt mehr wirklich zusammen, und wir werden müde und erschöpft. Aber aufgepasst: *Gott ist noch nicht fertig mit Ihnen.* Sie glauben das nicht? Dann lassen Sie mich Ihnen eine Frau namens Ester vorstellen.

Das biblische Buch Ester bedeutet Spannung pur. In gerade einmal zehn Kapiteln erzählt es die Geschichte einer Frau, die gleich in mehreren Bereichen ihres Lebens Hoffnungslosigkeit erlebt. Sie lebt in einer heidnischen Welt, die von patriarchalischem Zwang, mörderischem Rassismus und rauschenden Festen geprägt ist. Wenn wir anfangen, die Geschichte zu lesen, fragen wir uns bald: „Wie ist sie nur dahin geraten, und wie wird das alles enden?" Alles scheint sich gegen sie verschworen zu haben.

Esters Herkunft war hoffnungslos. Sie war eine Fremde in dem Land, in dem sie lebte. Ihre Vorfahren waren aus ihrer Heimat Jerusalem nach Babylon verschleppt worden, während der 70-jährigen babylonischen Gefangenschaft (605–536 v. Chr.). Als Babylon durch Kyrus von Persien besiegt wurde, durften die Juden in ihre Heimat zurückkehren, doch Esters Familie blieb in Babylon, wo sie zu einer Minderheit ohne jeden Einfluss gehörte. Das Leben der Juden im Reich war ständig bedroht – vor allem, wie wir noch sehen werden, durch einen der bösesten Menschen in der ganzen Bibel, den Judenhasser Haman. Er war nicht nur entschlossen, die Juden auszurotten, sondern verfügte auch über die nötigen Beziehungen, um seinen Plan auszuführen.

Die Kultur, in der Ester lebte, war ohne Hoffnung. Das erste Kapitel führt uns in die Welt von König Ahasveros ein. Es ist eine Welt der Dekadenz und Korruption bis in die höchsten Etagen der Macht. Wir werden Zeugen eines pompösen Gastmahls, das vom König persönlich veranstaltet wird. Es ist eine Party, die von Egoismus und Stolz, Trunkenheit und Zügellosigkeit und sexueller Korruption beherrscht wird. An ihrem Höhepunkt verlangt der angetrunkene König von seiner schönen Königin, Wasti, dass sie vor den betrunkenen Männern tanzt. Da geschieht das Undenkbare: Wasti, die offenbar eine couragierte Frau war, weigert sich, Ahasveros' Befehl zu befolgen. Dies führt zu einer Reihe von wütenden Besprechungen, in denen die Absetzung Wastis gefordert wird, und zu Erlässen des Königs, die von den Frauen im Land verlangen, dass sie allen Forderungen ihrer Männer nachkommen. Das Ganze ist eine absolute Katastrophe.

Die Sache geht noch weiter: Ahasveros' Berater setzen eine landesweite Suche nach einer würdigen Nachfolgerin von Wasti in Gang. So wird Ester eine von zahlreichen jungfräulichen Mädchen im Land, die im Frauenhaus der Burg Susa ein ganzes Jahr lang in einem strapaziösen Prozess darauf vorbereitet werden, entweder die neue Königin zu werden oder im Harem des Königs zu verschwinden. Eine dritte Option gibt es nicht – wahrlich keine beneidenswerte Lage.

Esters ganze Situation sah völlig hoffnungslos aus. Im Hintergrund ihrer Geschichte steht ja der tragische Verlust ihrer Eltern. Diese junge Frau hatte viel gelitten in ihrem Leben. Ein rettender

Anker für sie ist ihr Verwandter, Mordechai, geworden, der sie adoptiert hat und als ihr Ratgeber und Beschützer agiert.

Esters Situation ist so extrem, dass es uns schwerfallen mag, uns da hineinzuversetzen. Wo findet man schon so eine Geschichte? Aber wenn wir dann in die Welt schauen, in der wir leben, müssen wir sagen: „Nein, auch hier gibt es jede Menge Hoffnungslosigkeit." Mag sich auch die Art und Intensität unserer Hoffnungslosigkeit nicht mit Esters Situation messen können, ist sie doch genauso real.

Wenn wir weder Gott noch Hoffnung sehen

Hoffnungslosigkeit beginnt dort, wo wir uns nicht mehr vorstellen können, dass sich eine Situation bessern kann. Verzweiflung kommt dann auf, wenn wir nicht nur den Glauben an die Menschen verlieren, sondern auch an Gott – weil wir keinerlei Anzeichen dafür sehen, dass er überhaupt um unser Elend weiß. Hoffnungslosigkeit ist offensichtlich, wenn wir nicht mehr beten, wenn wir nicht mehr nach Gottes Hand Ausschau halten und nicht mehr damit rechnen, dass irgendetwas anders wird.

Die Menschen haben sich nicht groß verändert seit Esters Tagen. Hoffnungslosigkeit ist überall um uns herum.

Gott aber auch. Und Gott ist niemals fertig mit uns.

Eine Besonderheit des Buches Ester ist, dass es den Namen Gottes nirgends erwähnt. Das ist sonst in keinem anderen biblischen Buch so, das Hohe Lied erwähnt ihn einmal (in 8,6). Nirgends wird erwähnt, dass Gott mit Ester, Mordechai oder sonst jemandem kommuniziert. Wir sehen im Buch Ester auch nicht, dass Gott Engel zur Hilfe schickt, und er teilt auch nicht das Meer oder wirkt sonst irgendwelche Wunder.

Was bleibt, ist *entweder* eine Kette von schier unglaublichen Zufällen, die für Ester und die anderen Juden fantastisch gut ausgehen, *oder* ein faszinierender Einblick in das Wirken Gottes hinter den Kulissen – eines Gottes, der mit souveräner, übernatürlicher Präzision die Menschen, die er liebt, vor ihren Feinden beschützt. Gott kommt selten früh, aber er ist nie zu spät. Er webt Menschen und Situationen zusammen zu einem faszinierenden Wandteppich, der von hinten völlig sinnlos erscheint, aber auf der Vorderseite ein perfektes Bild ergibt. Er nimmt die alltägliche Treue von Menschen, die ihm hingegeben sind, um einen gewaltigen, historischen Befreiungsschlag auszuführen.

Solche Dinge tragen reale Hoffnung in Lebenssituationen hinein, die hoffnungslos erscheinen. In der Bibel hat das Wort *Hoffnung* eine einzigartige Bedeutung. Für uns Menschen ist Hoffnung so etwas wie ein Wunschtraum. „Hoffentlich geht das gut", sagen wir. Oder: „Hoffen wir's mal." Eine optimistische Denkweise, die das Gute wünscht. Ein Synonym für eine positive Grundeinstellung

Die Bibel dagegen benutzt das Wort *Hoffnung*, um *Zuversicht* zu signalisieren. Wir wünschen etwas Gutes, in der festen Erwartung, dass es *eintreten* wird. Im 5. Kapitel des Römerbriefes beschreibt Paulus sehr praktisch, wie aus Krisen und Prüfungen (und Hoffnungslosigkeit) Hoffnung entstehen kann:

Aber nicht nur das: Selbst in Bedrängnissen rühmen wir uns, weil wir wissen, dass wir durch Leiden Geduld lernen; und wer Geduld gelernt hat, ist bewährt, und das wiederum festigt die Hoffnung. Und in dieser Hoffnung werden wir nicht

enttäuscht, denn Gott hat uns mit dem Heiligen Geist, den er uns geschenkt hat, auch seine Liebe ins Herz ausgegossen. (Röm 5,3-5; NeÜ)

Es ist Gott, der uns solche Hoffnung schenkt. Er gibt uns die Zuversicht, um Schritte nach vorne zu tun, in dem festen Glauben (so wie bei Ester), dass er zum Schluss alles gutmachen wird.

Hoffnung in der Liebe von Gottes Leuten finden

Aus dem Leben Esters können wir einiges über die Hoffnung lernen. Zunächst: **Wir finden Hoffnung, die uns Halt gibt, wenn Gottes Barmherzigkeit zum Ausdruck gebracht wird.** Einer der roten Fäden im Buch Ester sind die Taten und das Herz eines großen Mannes: Mordechai. Es ist dieser Mann, der inmitten einer Kultur des Stolzes, der Sünde und des Bösen Ester mit bemerkenswertem Mitgefühl und Fürsorge begegnet. Womit er Ester an den Gott erinnert, den sie liebt und dem sie dient.

Noch bevor wir Ester selbst begegnen, lernen wir Mordechai kennen:

Nun war da ein jüdischer Mann in der Burg Susa, sein Name war Mordechai ... Und er war Vormund von Hadassa, das ist Ester, der Tochter seines Onkels; denn sie hatte weder Vater noch Mutter. Und das Mädchen war von schöner Gestalt und von schönem Aussehen. Und als ihr Vater und ihre Mutter gestorben waren, hatte Mordechai sie als seine Tochter angenommen. (Est 2,5.7)

Eine ungewöhnliche Adoption in schwierigen Zeiten. Ester gehörte nicht zu Mordechais engerer Familie. Er hätte sie ignorieren können. Oder wegschicken. Er hätte sie auch, wie das in der heidnischen Kultur in seiner Umgebung nicht unüblich war, einfach heiraten können. Stattdessen begegnet er Ester mit barmherziger Nächstenliebe, und ohne diese Liebe gäbe es Esters Geschichte nicht.

Mordechai, ganz offensichtlich ein frommer Mann, der Gott und seine Wege sucht, geht mitfühlend mit Ester um, und das macht ihr Hoffnung, dass Gott selbst um ihre Bedürftigkeit weiß.

Barmherzige Liebe, Mitgefühl – das ist eine Beschreibung des Wesens Gottes. In Psalm 25 lesen wir:

> *Denke an deine Erbarmungen, HERR, und an deine Gnadenerweise; denn sie sind von Ewigkeit her. (V. 6)*

Und Nehemia dankt Gott wenige Jahre vor der Zeit Esters für dessen Erbarmen und dafür, dass er Israel aus dem babylonischen Exil zurückkehren ließ:

> *Doch in deinen großen Erbarmungen hast du nicht ein Ende mit ihnen gemacht und sie nicht verlassen. Denn ein gnädiger und barmherziger Gott bist du! (Neh 9,31)*

Das hat Ester geprägt. Es führte sie zu einer außergewöhnlichen Hingabe und Loyalität gegenüber Mordechai. Sie hörte auf ihn und vertraute ihm. In den schwierigsten Stunden suchte sie seinen Rat – und er war immer für sie da! Es ist erstaunlich, was für eine Hoffnung Menschen bringen können, die mitfühlend und barmherzig sind.

Jesus war voller Barmherzigkeit. Die Bibel berichtet uns, dass er von Barmherzigkeit *angetrieben* war, mit den Menschen *mitfühlte* und sich ihrer *erbarmte*. Barmherzigkeit ist der Spiegel des Herzens Gottes; sie zeigt uns deutlich, dass wir in hoffnungslosen Zeiten Hoffnung haben können, weil Gott da ist.

Einer meiner Mentoren, Spiros Zodhiates, hat oft gesagt: „Barmherzigkeit gewinnt immer."

Letztlich war es die Barmherzigkeit Gottes, die durch die übernatürlichen Ereignisse in Mordechais und Esters Leben Israel rettete, und es war die Barmherzigkeit Gottes, die 2500 Jahre später Jesus ans Kreuz führte, um die Menschheit aus dem Kerker der Sünde und des Todes zu erlösen.

In einer Welt der Hoffnungslosigkeit können (und sollten!) Sie und ich Vertreter von Gottes Barmherzigkeit sein. Und wenn Sie selbst in einer hoffnungslosen Lage sind, dann halten Sie Ausschau nach jemandem, der Sie daran erinnert, dass Gott Sie kennt, dass er sich um Sie kümmert und dass er Ihnen in Barmherzigkeit begegnen wird, wenn Sie sie am meisten brauchen. Gott ist da. Er sieht Sie. Und Sie sind ihm nicht egal!

Wenn ich auf mein Leben zurückschaue, erkenne ich, dass Gott mir immer wieder Menschen in den Weg gestellt hat, die mich ermutigt und für mich gebetet haben. Er schickte mir Personen, die mir versicherten, dass sie ganz gewiss waren, dass Gott handeln und Antworten geben würde. Oft war es die Gegenwart solcher Menschen, die mich an Gottes Güte und Treue erinnerte und mir half, mit Gottvertrauen nach vorne zu schauen. Gibt es solche Menschen auch in Ihrem Leben? Sie mögen sich nicht lautstark anmelden und vielleicht wissen sie selbst gar nicht, *warum* sie in Ihrem Leben sind – aber meine Erfahrung ist, dass sie da sind.

Hoffnung durch Erinnerung an den Gott, der hilft

Wir können auch Hoffnung finden, wenn wir uns daran erinnern, dass Gott ein Gott ist, der aus Katastrophen rettet. Bevor Ester diese Geschichte *erlebte*, *kannte* sie sie bereits. Als jüdisches Mädchen, das erst von seinen Eltern und danach von dem gerechten Mordechai aufgezogen worden war, war sie wohlvertraut mit der Geschichte des Gottes, der sein Volk erlöst und befreit. Die Juden waren bekannt dafür, dass sie die Geschichten ihres Glaubens an den allmächtigen Gott von Generation zu Generation weitergaben. Wie wir noch sehen werden, hat Ester offenbar sehr gut gewusst, wer ihre Vorfahren im Glauben waren:

- Abraham und Sara. Sie glaubten, dass Gott ihnen einen Sohn schenken würde (Isaak), und Gott machte ihn zum Stammvater des Volkes Israel.

- Mose. Gott machte aus dem ehemaligen Totschläger den Befreier Israels aus Ägypten.

- Debora. Die Richterin und Heerführerin rettete Israel vor der sicheren Niederlage.

- David. Ein Hirtenjunge rettete Israel, indem er Goliat tötete, und wurde schließlich König.

- Daniel und seine Freunde. Gott errettete sie aus dem Feuerofen und aus der Löwengrube.

- Nehemia. Der König von Persien ließ ihn in sein Heimatland zurückkehren und die Mauern Jerusalems wiederaufbauen.

Gott ist ein Gott, der rettet. Er benutzt gewöhnliche Männer und Frauen, um die, die er liebt, zu bewahren. Als gläubige Jüdin wird Ester dies gewusst haben. Die schier unglaubliche Geschichte Israels wird in ihrem Gedächtnis lebendig gewesen sein, und vielleicht fragte sie sich, was *ihre* Rolle sein würde in der aktuellen Krise ihres Lebens, ja, ihres Volkes.

Mordechai stellte sich diese Fragen mit Sicherheit. An einem kritischen Punkt sagt er zu Ester:

> *Wer weiß, ob du nicht gerade für eine Zeit wie diese zur Königin erhoben worden bist. (Est 4,14; NeÜ)*

Wenn Hoffnung die zuversichtliche Gewissheit ist, dass es gut werden wird, egal, wie schlimm die Lage aussieht, sollte uns dann nicht der Gott, der in der Geschichte der Menschheit wirkt, Hoffnung geben? Der Verfasser des Hebräerbriefes bejaht dies:

> *Was ist also der Glaube? Er ist die Grundlage unserer Hoffnung, ein Überführtsein von Wirklichkeiten, die man nicht sieht. Darin haben unsere Vorfahren gelebt und die Anerkennung Gottes gefunden. (Hebr 11,1-2; NeÜ)*

Wir sehen nicht, wie Gott wirkt, aber wir glauben es. Wir mögen Gründe haben zu zweifeln, aber wir haben größere Gründe zu hoffen. Gott hat es ja schon einmal getan, er kann es heute wieder tun. Es gehört zu Gottes Wesen, aus Not zu retten und Niederlage in Sieg und Hoffnungslosigkeit in Hoffnung zu verwandeln. Geben Sie Ihre Hoffnung *darauf* nie auf.

Vor allem aber finden wir Hoffnung, wenn wir Gottes Allmacht bedenken. Wenn Gott wirklich Gott ist, dann hat er alles völlig unter seiner Kontrolle und es gibt letztlich nichts, das sinnlos wäre. Dies galt damals für Ester und Mordechai, und es gilt heute für Sie und für mich. Hiob bringt es am Ende seiner Prüfungen auf den Punkt, als er zu Gott sagt:

> *Ich habe erkannt, dass du alles vermagst und kein Plan für dich unausführbar ist. (Hi 42,2)*

Erinnern Sie sich noch, vor welcher Wahl wir stehen, wenn wir das Buch Ester verstehen wollen? *Entweder* wir konstatieren eine ganze Serie unglaublicher Zufälle, die in historischen Dokumenten für die Nachwelt überliefert worden sind, *oder* wir glauben an einen Gott, der auf souveräne Weise alle Dinge so zusammenwirken lässt, dass sich sein Plan erfüllt. Im ersten Falle kann man nur sagen: Viel Glück! Im zweiten haben wir echte Hoffnung.

Ich weiß schon nicht mehr, wie oft ich mir dies ins Gedächtnis rufen musste. Jedes Mal, wenn eine Tür verschlossen war, die meiner Ansicht nach offen sein sollte, musste ich mich zur Ordnung rufen und daran erinnern, dass Gott ja da war und genau um meine Lage wusste. Gott macht nie Urlaub, er sitzt immer auf seinem Thron und er hat meine Lage stets vor Augen.

Aber jetzt schauen wir uns an, wie Esters Geschichte weitergeht. Ester erlangt die Gunst Hegais, des königlichen Haremswächters. Nach vielen Monaten der Vorbereitung und Schönheitspflege darf Ester, wie alle anderen Mädchen auch, eine

Nacht mit dem König verbringen. Sie ist bei allen Menschen, denen sie begegnet, beliebt, und schließlich findet sie das Wohlgefallen des Königs:

> *Und der König gewann Ester lieb, mehr als alle Frauen, und sie erlangte Gunst und Gnade vor ihm, mehr als all die andern Jungfrauen. Und er setzte das königliche Diadem auf ihr Haupt und machte sie an Wastis Stelle zur Königin. (Est 2,17)*

Etwa um diese Zeit entdeckt Mordechai ein Mordkomplott gegen den König. Er berichtet es der Königin Ester, die ihrerseits den König aufklärt. Die Sache wird untersucht, die Verschwörer werden hingerichtet und der ganze Vorgang wird in den Annalen des Reiches schriftlich festgehalten.

Aber wie geht es jetzt weiter? Der König erhebt den Judenhasser Haman zu höchsten Ehren und Würden. Haman beginnt sein Ränkespiel. Er plant nicht weniger als die Hinrichtung des verhassten Mordechai, ja, er lässt schon den passenden Galgen errichten.

Doch mehr noch: Er kann Ahasveros davon überzeugen, dass die Juden eine Gefahr für das Reich darstellen, und ringt ihm listig einen Erlass ab, nach welchem an einem festgesetzten Tag alle Juden im Reich umzubringen sind. Als Ester davon erfährt, ist sie tief bestürzt. Ein verzweifelter Mordechai drängt sie, vor den König zu treten und sich für die Rettung der Juden zu verwenden.

An diesem Punkt der Geschichte kommt es zu einem der berühmtesten Gespräche in der ganzen Bibel. Mordechai erklärt Ester:

Denn wenn du in diesem Augenblick schweigst, wird von anderswoher Hilfe und Rettung für die Juden kommen. Doch du und deine Verwandtschaft, ihr werdet zugrunde gehen. Wer weiß, ob du nicht gerade für eine Zeit wie diese zur Königin erhoben worden bist. (Est 4,14; NeÜ)

Hier sehen wir Mordechais Hoffnung. Er vertraut auf den Gott, der der große Befreier und Retter ist. Er weiß, dass Gott handeln wird, auch wenn ihm noch nicht klar ist, *wie* er das tun wird.

Ich liebe Mordechais Einstellung. Er ist gewiss verzweifelt. Er weiß, was auf dem Spiel steht. Aber er weiß auch, dass Gott noch nicht gesprochen hat und dass noch nicht aller Tage Abend ist. Wenn Sie und ich ein solches Gottvertrauen haben, kann die Hoffnungslosigkeit uns nie vollständig überwältigen.

Ester gibt Mordechai recht:

Geh und rufe alle Juden, die sich in Susa finden lassen, zusammen. Fastet für mich! ... Und dann will ich zum König hineingehen, auch wenn es gegen das Gesetz ist. Und wenn ich umkomme, komme ich eben um. (Est 4,16; NeÜ)

Dies ist Esters Bekenntnis der Hoffnungslosigkeit *und* der Hoffnung. Sie sagt praktisch: *Es sieht echt schlimm aus, aber ich lege mein Leben in die Hände des allmächtigen Gottes. Wenn er es zulässt, dass ich sterbe, dann ist das in Ordnung.* Es ist ein ernster Augenblick. Und ein ernster Entschluss.

Hoffnungslosigkeit und Hoffnung sind Türnachbarn, und oft schwanken wir zwischen ihnen hin und her. Der Prediger Ronald Dunn hat einmal gesagt: „Gut und Böse fahren auf parallelen

Gleisen und kommen ungefähr gleichzeitig an ihr Ziel.“ Stimmt genau!

Das scheint Ester begriffen zu haben. Sie ist sich des Risikos voll bewusst. Aber sie ist auch wild entschlossen, Gott zu vertrauen – auch wenn sie dabei sterben muss.

Ester beginnt, ihren Plan umzusetzen. Sie lädt den König und Haman zu einem Festmahl ein. Was dann geschieht, lässt sich beim besten Willen nicht als zufällige Verkettung unvorhersehbarer Umstände erklären, aber ich will trotzdem versuchen, die Ereignisse in der Sprache des Zufalls zu beschreiben – damit deutlich wird, dass es hier um Gottes übernatürliches Handeln geht.

Rein zufällig wählt der König unter Hunderten schöner junger Frauen ausgerechnet die Jüdin Ester zu seiner neuen Königin. *Es ergibt sich*, dass dies genau zu der Zeit geschieht, wo Haman Mordpläne gegen die Juden (vor allem Mordechai) ausheckt. *Rein zufällig* lädt Ester den König und Haman zu einem Gastmahl bei ihr ein, und während dieses Mahls lädt sie die beiden zu einem erneuten Mahl am folgenden Tag ein. In der Nacht vor diesem zweiten Mahl kann der König *zufällig* nicht schlafen und bittet einen Diener, ihm aus der Chronik des Reiches vorzulesen. *Es ergibt sich,* dass der Diener die Stelle wählt, wo von der Aufdeckung eines Mordanschlags auf den König durch Mordechai die Rede ist – eine Tat, für die Mordechai noch nicht belohnt worden ist. *Es ergibt sich* weiter, dass just in diesem Augenblick Haman draußen in den Hof tritt und dass der König ihn fragt, wie er mit einem Mann verfahren soll, den er hoch auszeichnen will. Haman, der *zufällig* gerade den Galgen hat aufrichten lassen, an dem er Mordechai aufhängen will, glaubt, dass *er selbst* belohnt werden soll – und erlebt den Schock seines Lebens.

Bei dem zweiten Gastmahl enthüllt Ester dem König Hamans Komplott. Der erzürnte König lässt Haman fallen. Wie soll er ihn angemessen bestrafen? Es zeigt sich, dass einer der Diener des Königs um den Galgen weiß, den Haman für Mordechai hat errichten lassen, und sagt es dem König. „Hängt ihn daran auf!", befiehlt Ahasveros (7,9), worauf Haman an eben dem Galgen stirbt, den er für Mordechai hat errichten lassen.

Das Ende der Geschichte ist, dass Mordechai, Ester und alle Juden gerettet werden. Der sichere Untergang des Volkes Gottes wandelt sich in seinen Sieg, die Hoffnungslosigkeit in große, auf Gott vertrauende Zuversicht.

Muten Sie Ihrem Glauben etwas zu

Ich finde diese Verkettung der Ereignisse absolut faszinierend. Vielleicht habe ich einfach gesehen, wie Gott als Antwort auf Gebet zu viele Dinge tat, die auf unterschiedliche Weise perfekt zusammenpassten, als dass ich glauben könnte, dass dies alles nur Zufall sein könnte. Oder ich bin nicht naiv genug, um zu glauben, dass all dies ohne Gott möglich war.

Ist es zu viel verlangt, zu glauben, dass der Gott, der die ganze Schöpfung buchstäblich ins Sein sprach, auch mit Präzision und Macht in *unser* Leben eingreifen kann? Ist es zu weit hergeholt, zu glauben, dass sein Interesse an Mordechai und Ester die Regel und nicht die Ausnahme ist? Sollten dem Gott, der am Anfang das Ende verkündet und der um alles weiß, was zwischen Anfang und Ende liegt, unsere Nöte unbekannt und egal sein?

Nicht, wenn wir Jesus glauben. Er hat seinen Jüngern diese Wahrheit sehr klar gemacht:

Werden nicht zwei Sperlinge für eine Münze verkauft? Und nicht einer von ihnen wird auf die Erde fallen ohne euren Vater. Bei euch aber sind selbst die Haare des Hauptes alle gezählt. Fürchtet euch nun nicht! Ihr seid wertvoller als viele Sperlinge. (Mt 10,29-31)

Dieser Bibeltext steht hinter einem christlichen Lied, das in Amerika sehr bekannt ist: „His Eye Is on the Sparrow" („Sein Auge sieht den Spatzen"). Die dritte Strophe lautet folgendermaßen:

Wenn die Versuchung anklopft, wenn dunkle Wolken droh'n,
wenn Singen wird zu Seufzen und Hoffnung in mir stirbt,
such ich noch mehr Seine Nähe, weil Er mir Frieden gibt.
Sein Auge sieht den Spatzen, und ich weiß, Er sieht auch mich.
Sein Auge sieht den Spatzen, und ich weiß, Er sieht auch mich.
(Civilla D. Martin, 1905)

Ich weiß nicht, ob Ihr Leben gerade hoffnungslos aussieht, aber es gibt einen Gott im Himmel, der genau weiß, wie es Ihnen geht. Sein Auge sieht den Spatzen, und ich weiß, er sieht auch Sie.

Die Botschaft des Buches Ester ist unmissverständlich: Gott ist da, auch dann, wenn wir ihn nicht sehen können, auch dann, wenn wir seine Stimme nicht hören. Er lässt alles nach seinem Ratschluss zusammenwirken, und er lässt kein Detail und keinen Augenblick aus.

Ich bin zutiefst davon überzeugt, dass das Buch Ester in der Bibel steht, um uns Hoffnung zu geben und uns freizumachen von der Verzweiflung, die wir so oft spüren. Es will uns daran erinnern, dass auch dann, wenn wir Gottes Handeln und sein

Eingreifen in unser Leben nicht sehen können, er „alles nach dem Rat seines Willens wirkt" (Eph 1,11).

Wenn Sie entschlossen auf Gott hoffen, weil Sie sehen, was er im Leben anderer Menschen getan hat, werden Sie, wenn Sie eines Tages auf Ihr eigenes Leben zurückblicken, die schweren Zeiten, die er dort zugelassen hat, mit ganz anderen Augen sehen – mit Augen des dankbaren Verstehens.

Sie werden Ihre eigene Geschichte haben und Ihr eigenes Wissen, dass Gott mit Ihnen noch nicht fertig ist.

4

Sagen Sie Ja zu Gott

Die Geschichte von Jona

Aber Jona machte sich auf, um nach Tarsis zu fliehen,
weg vom Angesicht der Herrn.

Jona 1,3

Angela ist eine Frau mit einem starken, mitreißenden Glauben. Seit mehr als zehn Jahren kenne ich sie und ihren Mann und sehe sie regelmäßig. Nachdem ich in einer Gesprächsrunde den Propheten Jona und seine Rebellion gegen Gott erwähnt hatte, erzählte Angela mir ihre eigene Geschichte.

Vor Jahren starb ihr erster Ehemann, und es begann in ihrem Leben eine Phase der wütenden Trauer. Im Kampf mit ihrem Verlust verlor sie ihren geistlichen Kompass und fing an, mit Menschen zu verkehren, die ganz anders waren als ihre christlichen Brüder und Schwestern. Von ihren neuen Freunden angespornt, traf sie eine Entscheidung nach der anderen, die sie auf den Weg eines bewussten Ungehorsams gegenüber Gott führte. Schritt für Schritt entfernte sie sich weiter von ihm. Angela war auf der Flucht vor Gott.

Auf der einen Seite bekannte sich Angela nach wie vor zu ihrem Glauben, aber andererseits war ihr Verhalten ein einziger Akt des Ungehorsams gegenüber Gott. Wie sie mir sagte: „Mein Herz war weit weg von Gott, und es war mir egal."

Angelas Geschichte ist nichts Ungewöhnliches. Immer wieder erzählen Menschen mir ähnliche Geschichten. Von der Bibel her glaube ich, dass man als Christ abirren kann.

„Herr, mich zieh'n die eigenen Wege von deiner Liebe fort", heißt es in einem alten Kirchenlied von Robert Robinson (1758), das viele meiner Bekannten auswendig kennen. Es ist uns deshalb so wohlvertraut, weil wir es manches Mal im eigenen Leben erfahren haben.

Wir sind anfällig abzuirren

Selbst Propheten haben sich von Gott entfernt. Wie z. B. Jona. Seine Geschichte beginnt mit Widerwillen, Egoismus, Ungehorsam und

Hoffnungslosigkeit. Dieser Prophet ist ein Beispiel dafür, wie oft wir von Gott fortlaufen.

Als ich die High School besuchte, ließ der Rektor einmal an der Einfahrt zum Schulgelände das Wrack eines Unfallautos aufstellen, um uns vor Augen zu führen, was für Folgen ein leichtsinniger Fahrstil haben konnte. Die Botschaft war klar: *Nehmt das Autofahren nicht auf die leichte Schulter.* Ich habe das nie vergessen.

Jona erfüllt eine ganz ähnliche Funktion wie dieses Unfallauto: Wir sollen ihn anschauen und uns von der Irrfahrt seines Lebens warnen lassen. Die Botschaft lautet: *Nehmt den Gehorsam gegenüber Gott nicht auf die leichte Schulter.*

Aber Jonas Geschichte geht weiter. Er findet schließlich die beharrliche, geduldige Liebe des Gottes, vor dem man nicht davonlaufen kann. Die Geschichte von Jona ist der Grund, warum ich aufgehört habe, von Gott wegzulaufen – und das sollten Sie auch tun.

Jonas Geschichte beginnt mit einem **konkreten Auftrag Gottes, dem er gehorchen soll**. Es gibt kein Vorwort, keine Einleitung, keine Vorbereitung auf das, was wir gleich lesen werden. Das Buch Jona beginnt damit, dass Gott zu Jona redet:

> *Und das Wort des HERRN geschah zu Jona, dem Sohn des Amittai: „Mache dich auf, geh nach Ninive, der großen Stadt, und verkündige gegen sie! Denn ihre Bosheit ist vor mich aufgestiegen." (Jon 1,1-2)*

Die entscheidende Sache hier ist die, dass Gott derjenige ist, der zu Männern und Frauen spricht, die daraufhin Entscheidungen treffen und reagieren. Manche Menschen gehen auf Gott zu, andere laufen von ihm weg. Wieder andere können gar nicht verstehen, warum das Leben auf einmal so verwirrend und schwierig geworden ist, und kommen nicht auf die Idee, dass dies daran liegen könnte, dass sie Gott nicht gehorchen.

Gott hat einen Plan für diese Welt und für unser Leben. Bei diesem Plan geht es darum, Menschen durch den Glauben an Christus zu erlösen und alles unter die Herrschaft Christi zu bringen (s. Eph 1,7-12). Es ist ein gewaltiger Plan, und nur selten dämmert es uns, wie in ihm alles zusammenhängt. Gott zeigt uns seinen Ratschluss für sein Volk und für die ganze Welt in der Bibel. Er offenbart uns seine Wahrheit und ruft uns ganz persönlich auf, auf seine Liebe *und* seine Gebote zu antworten.

Gottes Gebote zeigen uns, wie wir richtig leben und wie wir richtig miteinander und mit den Situationen umgehen können, in denen wir uns befinden. Sie helfen uns, Dinge, die uns kaputtmachen, hinter uns zu lassen und das zu wählen, was uns aufbaut. Sie formen unseren Charakter, bauen Disziplin, Liebe und Güte in uns auf. Sie helfen uns, unser Leben mit Gott, dem Schöpfer des Universums, zu führen.

Aber manchmal haben wir keine Lust, ihnen zu gehorchen, und dann werden wir Gott ungehorsam.

Hochmut zieht nach unten

Es braucht nur einen Vers, um uns Jonas **hochmütige Reaktion** zu zeigen:

Aber Jona machte sich auf, um nach Tarsis zu fliehen … (Jon 1,3)

Jona wusste, was Gott wollte. Er wusste, dass Gott Menschen gegenüber barmherzig sein wollte, die Jona überhaupt nicht mochte. Am Ende seiner Geschichte bekennt Jona:

Denn ich wusste, dass du ein gnädiger und barmherziger Gott bist, langsam zum Zorn und groß an Güte, und einer, der sich das Unheil gereuen lässt. (4,2)

Jona mochte weder die Menschen von Ninive noch Gottes Plan. Er hatte keine Lust, das zu tun, was Gott ihm da auftrug, und so beschloss er, die Dinge selbst in die Hand zu nehmen. Jona bot dem Befehl des lebendigen Gottes die Stirn, und das ist (ob Sie es glauben oder nicht) etwas sehr Ernstes.

Aber Jona machte sich auf, um nach Tarsis zu fliehen, weg vom Angesicht des HERRN. Und er ging nach Jafo hinab, fand ein Schiff, das nach Tarsis fuhr, gab den Fahrpreis dafür und stieg hinein, um mit ihnen nach Tarsis zu fahren, weg vom Angesicht des HERRN. (1,3)

Jedes Wort in diesem Vers malt das Bild eines Lebens, das Gott ungehorsam ist. Gott hat einen Plan – aber wir beschließen, etwas anderes zu tun. Jona beschließt, „vom Angesicht des HERRN" (also vor Gottes Gegenwart) zu fliehen. Er will nach Tarsis. Noch weiter weg von Ninive ging nicht; es lag über 4000 Kilometer in die entgegengesetzte Richtung. Er ging nach Jafo, nahm ein Schiff und zahlte sein Ticket; es war eine Entscheidung, die ihn weit, weit weg von Gottes Wohlgefallen führte.

Sehen wir die Richtung, in die Jonas Leben sich bewegt? Er geht *weg* von Gott. Er geht nach Jafo *hinab*, also abwärts. Und er *zahlt* den Fahrpreis selbst. Man sollte meinen, dass es Jona irgendwann aufging, dass dies ein Kampf war, den er nicht gewinnen konnte, aber er weigert sich, das zu sehen.

Hochmut und Starrsinn sind gefährliche Zwillinge, die sich gegenseitig anstacheln.

Was Angela mir über ihre Zeit des Weglaufens vor Gott berichtete, klang erschreckend ähnlich wie Jonas Weg auf das Schiff und hinaus auf ein Meer der Stürme und ohne Gott. Ungehorsam gegenüber Gott – *jeder* Ungehorsam – bedeutet, die Dinge selbst in die Hand zu nehmen und sein eigenes Ding zu machen, egal, was es am Ende kostet. Wissen Sie noch, wie es beim Sündenfall war, als Adam und Eva Gottes Gebot mit voller Absicht trotzten und von der verbotenen Frucht aßen? Gottes Verbot hatte zu ihrem Schutz gedient; ihr Ungehorsam führte sie in Gefahr und in den Tod. Sie flohen vor der Gegenwart Gottes und seiner Gunst.

Der Satz ist alt, aber wahr: „Die Sünde führt dich weiter, als du gehen willst, hält dich länger fest, als du bleiben willst, und kostet dich mehr, als du zahlen willst." Die meisten von uns haben dies schon einmal ganz praktisch erlebt. Es ist eine schlimme Situation, ob wir dies nun zugeben oder nicht.

Gottes Antwort auf Hochmut

Doch Ungehorsam und Hochmut haben noch ernstere Konsequenzen: Wir gehen auf Konfrontationskurs mit Gottes Wesen.

> *Gott widersteht den Hochmütigen, den Demütigen aber gibt er Gnade. (Jak 4,6)*

Gott widersteht unserem Hochmut *immer.* Das liegt in seinem Wesen. Nein, er ist nicht streitsüchtig; wir sind die Streitsüchtigen. Es lohnt sich nicht, ein Gegner Gottes zu werden und sozusagen für die gegnerische Mannschaft zu spielen. Aber Jona hat das getan, und Angela zeitweise auch. Vielleicht ist das auch Ihre Situation (oder war es bis vor kurzem). Es ist das, was passiert, wenn wir nicht „Ja", sondern „Nein" zu Gott sagen.

Was als Nächstes in Jonas Leben passiert, ist etwas, das Sie dringend zur Kenntnis nehmen sollten. Sein Ungehorsam bringt ihm **schmerzliche Lektionen** ein.

Es dauert nicht lange, und Gott antwortet auf Jonas Ungehorsam. Das ist nicht immer so, aber hier sehr wohl. Bereits im vierten Vers des Buches Jona sehen wir, wie Gott auf den Hochmut Jonas reagiert. Der ganze Rest des Buches ist die Schilderung von Gottes Antwort auf einen einzigen Akt des Ungehorsams.

Ich habe diese Antwort Gottes schon etliche Male zusammengefasst, und jedes Mal klingt das, was Gott da tut, etwas seltsam. Gott schickt einen Sturm und einen Fisch, eine Pflanze und einen Schädling und zum Schluss einen heißen Wind – all das mit dem einzigen Ziel, Jonas Herz und Gehorsam zu gewinnen. Woraus ich den Schluss ziehe, dass Gott je nach Kontext manchmal große und kleine, übernatürliche und ganz normale Dinge benutzt, um uns dazu zu bringen, ihm zu begegnen.

Und wenn diese Dinge *gegen uns* und unseren Ungehorsam gerichtet sind, dann entdecken wir auf einmal, wie es sich anfühlt, wenn Gott „den Hochmütigen widersteht".

Ich bin kein Matrose, aber ich habe einmal einen Sturm auf See erlebt, zusammen mit 90 anderen Männern auf einem Hochseefischkutter im Golf von Mexiko. Knapp 100 Kilometer von der Küste von Südtexas entfernt gerieten wir in einen plötzlichen

Sturm mit riesigen Wellen. Ich weiß noch, wie ich sekundenlang nur noch Wasser sah, wenn der Bug des Schiffes in die nächste Welle schnitt, und dann mehrere Augenblicke nur den Himmel, wenn der Bug sich wieder hob. Ein paar Minuten, und wir hingen fast alle über der Reling und übergaben uns in den Ozean. Es war das reine Elend.

Bei Jona war es jedoch noch schlimmer: **Gott schickte einen Sturm**:

> *Da warf der HERR einen gewaltigen Wind auf das Meer, und es entstand ein großer Sturm auf dem Meer, sodass das Schiff zu zerbrechen drohte. (Jon 1,4)*

Es war ein *gewaltiger Wind* und ein *großer Sturm*, der das Schiff zu zerstören drohte. Es war mehr als elendig. Selbst die wettererprobten Matrosen bekamen es mit der Angst zu tun und fingen an, die Ladung über Bord zu werfen, um das Schiff leichter zu machen (V. 5).

Was diesen Sturm so schlimm machte, zeigen die ersten Worte seiner Beschreibung: „Da warf der HERR einen gewaltigen Wind ..." Hier geht es nicht um einen plötzlichen Wetterumschwung, dies ist ein Gottes-Sturm. Gott stellt sich Jonas Hochmut entgegen. Er sagt ihm praktisch: *Du willst also nach Tarsis? Vergiss es!* Nicht jeder Sturm in unserem Leben ist so ein Gottes-Sturm, aber bei Jona war es so.

Was mich an diesem Sturm perplex macht, ist nicht so sehr seine ungeheure Wucht oder der Zeitpunkt, zu dem er kommt. Was mich schockiert, ist die Tatsache, dass die Matrosen allesamt um ihr Leben fürchten – während Jona sich unter Deck zurückgezogen hat und schläft (V. 5). Während die Besatzung hektisch nach *irgendeinem* Gott sucht, der sie retten kann (V. 6), verhält sich Jona stur nach der Devise: „Das geht mich alles nichts an."

Ich kann nur staunen, dass raue, abgehärtete und völlig heidnische Matrosen, die nichts über den Gott des Himmels und der Erde wissen, den Propheten dieses Gottes fragen können: „Was hast du da getan?" (Jon 1,10). Mit anderen Worten: *Wie konntest du nur dem lebendigen Gott ungehorsam sein und uns da mit hineinziehen?* Es ist eine sehr berechtigte Frage. Jonas Ungehorsam hat sie alle auf den Weg des scheinbar sicheren Untergangs geführt.

Der Preis des Hochmuts

Hochmut fordert viele unschuldige Opfer. Einer ist hochmütig, und viele müssen leiden. Die Menschen, die das Pech haben, in unserer Nähe zu sein, wenn wir vor Gott davonlaufen, müssen oft dafür büßen. Moralische Fehlentscheidungen sind Gift für unsere Umgebung. Hatte Evas Ungehorsam im Garten Eden Folgen für Adam (1Mo 3,6)? Und ob! Und der Ungehorsam von Adam und Eva hatte dann Folgen für die gesamte Menschheit.

Jesus hat sehr direkt davor gewarnt, durch ungehorsames Verhalten andere Menschen mit zu Fall zu bringen:

> *Wehe der Welt wegen all der Dinge, durch die Menschen zu Fall kommen! ... doch wehe dem Menschen, der daran schuld ist! (Mt 18,7; NeÜ)*

Ungehorsam gegenüber Gott bleibt nicht in seiner eigenen Spur. Er ist wie ein außer Kontrolle geratenes Auto, das Unbeteiligte gefährdet und töten kann.

Jona wusste die Antwort auf das Dilemma: „Nehmt mich und werft mich ins Meer! Dann wird das Meer euch in Ruhe lassen; denn ich habe erkannt, dass dieser große Sturm um meinetwillen über euch gekommen ist" (Jon 1,12). Die Seeleute tun dies schließlich, und siehe da: „Da ließ das Meer ab von seinem Wüten" (V. 15).

Die Männer in dem Schiff beten Gott an, und Jona versinkt in die Tiefe.

Was dann kommt, ist schier unglaublich. **Gott schickt einen Fisch**. Ich habe mir das nicht selbst ausgedacht; so steht es in der Bibel:

> *Und der HERR bestellte einen großen Fisch, Jona zu verschlingen; und Jona war drei Tage und drei Nächte im Bauch des Fisches. (Jon 2,1)*

Glauben Sie an Wunder? Hier passieren mindestens drei Wunder, die unser begrenztes Vorstellungsvermögen strapazieren mögen, aber deswegen nicht weniger wahr sind.

Es ist ein Wunder, dass Gott einen Fisch erschafft, der so groß ist, dass er einen Menschen komplett verschlingen kann. Es ist ein Wunder, dass er diesen Fisch so lenkt, dass er exakt an den Ort schwimmt, wo er den Propheten verschlingen kann. Und es ist ein Wunder, dass Jona im Bauch des Fisches wieder zu sich kommt und zu Gott rufen kann.

Sind Sie skeptisch? Aber denken wir einmal nach. Dies ist derselbe Gott, der das Wasser exakt im richtigen Augenblick teilte, um sein Volk vor dem Pharao zu retten. Und der die Sonne einen Tag lang stillstehen ließ, damit Israel eine Schlacht für sich entscheiden konnte (Jos 10,12-14). Gott spricht, und der unsichtbare Wind lässt die Blätter von tausend Bäumen zittern. Nein, es ist nicht schwer, zu glauben, dass Gott solche Wunder tun kann, um einen Menschen zur Umkehr zu rufen.

Wir können uns schwer vorstellen, was Jona in dem Fisch erlebte, aber es gibt historische Berichte, die uns zeigen, wie es hätte sein können. So wurde vor nicht allzu langer Zeit bei Cape Cod vor der Küste von Massachusetts (USA) ein Fischer von einem Buckelwal verschlungen und alsbald wieder ausgespuckt; er trug nur geringe Verletzungen davon.

Eine andere unglaubliche Geschichte ist die von James Bartley, der im Jahre 1891 vor den Falkland-Inseln von einem Pottwal verschlungen wurde und 36 Stunden lang als tot galt, bis der Wal harpuniert wurde, worauf man Bartley lebendig in dem Bauch des Tieres entdeckte. Die Magensäure hatte seine Haut gebleicht und ihm das Augenlicht genommen, aber er lebte noch 18 Jahre lang, in denen er oft seine Geschichte erzählte. Auf seinem Grabstein steht: „Ein moderner Jona."

Der biblische Bericht lokalisiert Jonas Erlebnis im Mittelmeer, das im Durchschnitt ca. 1500 Meter tief ist und an der tiefsten Stelle über 5000 Meter. Er war weit entfernt von frischer Luft, von Hoffnung und von Gott. Sein Versinken im Wasser, bevor der Fisch ihn verschlang, erlebte er so: „Wasser umfing mich bis an die Seele ... Seetang schlang sich um mein Haupt" (Jon 2,6). Klingt für mich nach dem Tiefpunkt – dem absoluten Tiefpunkt.

Wie immer es Jona in den Tiefen des Wassers und im Magen des großen Fisches ergangen sein mag – was mich an seinem traumatischen Erlebnis am meisten erstaunt, ist der Zeitpunkt seiner Kapitulation vor Gott. Jona wartete bis ganz zum Schluss, bevor er zu Gott um Hilfe rief. Warum warten wir so oft bis zum letzten Augenblick? Wie viele Beweise brauchen wir noch, dass wir unser Leben verbockt haben?

Ich bin sicher: Als man ihn ins Wasser warf, war Jona davon überzeugt, dass Gott fertig mit ihm war. Aber damit lag er einmal mehr falsch. Doch immerhin: Er ruft noch einmal zu Gott:

> *Als meine Seele in mir verschmachtete, dachte ich an den Herrn. Und mein Gebet kam zu dir, in deinen heiligen Tempel. (Jon 2,8)*

Woraufhin Gott dem Fisch befiehlt, ans Ufer zu schwimmen und Jona auszuspucken, der drei Tage in seinem Bauch gewesen war.

Lieber früher als später Kapitulieren

Es wäre alles so viel einfacher gewesen, hätte Jona sofort „Ja“ zu Gott gesagt. Ich glaube, wir alle können das bis zu einem gewissen Grad nachfühlen, aber wir machen immer wieder unsere Ausflüge weg von Gott. Ich persönlich finde dies eine harte Lektion, die ich immer wieder neu lernen muss.

Der Sturm, der Sturz ins Wasser und der Fisch – sie waren hart für Jona. Gottes Reaktionen auf unseren Ungehorsam können wehtun. Aber sie sind auch voller Gnade und Güte.

Es war Gnade, dass Gott es verhinderte, dass Jona sich noch *weiter* von ihm entfernte.

Es war Gnade, dass Gott Jona zu dem Ausgangspunkt *zurückführte*.

Es war Gnade, dass Gott nach wie vor die Menschen von Ninive *retten* wollte.

Bei Gott ist alles Gnade. Der Fisch war Gnade. Auch das Elend, das Jona durchlebte, war Gnade.

Aber vor allen Dingen ist es Gnade, dass Gott unsere Hilfeschreie hört – egal, wie weit wir uns von ihm entfernt haben oder wie tief das Loch ist, in das wir gefallen sind. Und wenn es 5000 Meter wären.

König David kannte sich mit diesen Dingen aus. Im 139. Psalm betet er:

Wohin sollte ich gehen vor deinem Geist,
wohin fliehen vor deinem Angesicht?
... ließe ich mich nieder am äußersten Ende des Meers,
auch dort würde deine Hand mich leiten
und deine Rechte mich fassen. (Ps 139,7-10)

Wir erleben sie fast nie als gnädig, die Stürme, die Gott in unseren Ungehorsam hineinschickt. Wir betrachten die großen Fische und anderen Umstände, die unser Leben verschlingen, selten als Zeichen von Gottes Güte. Schmerz und Leid sind unsere Feinde, denken wir. Ich weiß noch gut, wie wütend ich manchmal auf Gott war, wenn das Leben hart zu mir war, ja unerträglich zu sein schien – aber es waren der Schmerz und der Frust, die mich schließlich zu Gott schreien ließen.

Wenn Schmerz und Leid uns zurück zu Gott bringen, sind sie unsere besten Freunde. Sie lassen uns die Dinge in einem anderen Licht sehen. Sie lassen uns Gott suchen, wo wir es sonst nicht tun würden.

Jona, der endlich wieder trockenen Boden unter den Füßen hatte, hörte Gottes Befehl ein zweites Mal, und diesmal tat er das

Naheliegende und gehorchte. „Da machte Jona sich auf und ging nach Ninive“ (Jon 3,3). Es ist die unkomplizierteste Antwort, die wir Gott geben können.

Wie bei Jona, so auch bei uns: Zu Gott „Ja“ sagen, bedeutet „Nein“ sagen zu unseren instinktiven Reaktionen. Der Verfasser der Sprüche kann uns hier helfen:

> *Vertraue auf den HERRN mit deinem ganzen Herzen und stütze dich nicht auf deinen Verstand! (Spr 3,5)*

Dieser Vers hat mich schon oft vor einer gut gemeinten, aber falschen Reaktion auf Gott bewahrt. Und er kann uns auch vor dem bewussten Ungehorsam bewahren.

Er hat mir geholfen, so manches „Nein“ zu Gott in meinem Leben unter die Füße zu kriegen, weil er mir gezeigt hat, *warum* ich manchmal „Nein“ sage. Ich denke dann schlicht, dass *ich* es besser weiß. Aber wir haben nie eine bessere Lösung oder einen besseren Plan als Gott!

Erinnern Sie sich an den Anfang dieses Kapitels und an Angela? Ihre Rückkehr zu Gott verlief über einen Traum, der sie erschreckte, ein Gespräch mit jemandem, der seit langem für sie betete, und den Rat eines geistlichen Mentors, ihr ganzes Herz, ihre Wut und ihren Schmerz einfach vor Gott auszuschütten. Gott benutzte all dies, um sie zu sich zurückzuholen.

Als Angela zu Gott zurückkam, kam sie *wirklich* zurück. Sie ist einer der leidenschaftlichsten und authentischsten Christen, die ich kenne. Ihr Herz hat wirklich zurück zu Jesus gefunden.

Gott muss nicht immer einen Sturm oder einen großen Fisch schicken wie bei Jona. Oder Träume und Visionen wie bei Angela. Er hat noch viele andere Möglichkeiten, unsere Aufmerksamkeit zu bekommen, und ein paar davon zeigt er uns, als Jona wieder widerspenstig wurde.

Geben Sie Gott Ihr ganzes Herz

Jona gehorcht, und Gott tut durch ihn große Dinge in der bösen Stadt Ninive, aber Jona war immer noch unglücklich und wütend. Diesmal ist sein Problem nicht sein Ungehorsam gegenüber Gott, sondern sein Groll gegenüber Menschen, die nicht zu seinem Volk oder seiner Nation gehörten. Er gehorcht Gott zwar äußerlich, aber nicht von Herzen. Er hat gewaltige Probleme mit sich selbst, und vielleicht war *das* das größte Problem in seinem Leben.

Wie reagiert Jona, als Gott Ninive seine Liebe zeigt und das Gericht zurücknimmt?

> *Ach, HERR! War das nicht meine Rede, als ich noch in meinem Land war? Deshalb floh ich schnell nach Tarsis! Denn ich wusste, dass du ein gnädiger und barmherziger Gott bist … Und nun, HERR, nimm doch meine Seele von mir! (Jon 4,2-3)*

Wohl die meisten von uns kennen das: Wir tun das Richtige – aber tun es nicht wirklich aus Überzeugung. Wir wollen nicht, dass Menschen, die wir nicht mögen, Gnade erfahren. Wir haben unsere Probleme mit denen, die nicht so aussehen oder sich nicht so verhalten wie wir oder die uns wehgetan oder beleidigt haben. Unser Herz ist immer noch egoistisch und sündig, und da schaut Gott nicht tatenlos zu.

Das ist der Punkt, wo die Pflanzen, die Würmer und die Winde ins Spiel kommen. Sie kommen als kleine Störer, die uns auf die Nerven gehen. Sie sind wie kleine Steinchen in unseren Schuhen, die unsere Haut langsam blutig kratzen, so lange, bis wir etwas dagegen unternehmen.

Gott schickt eine Pflanze, einen Schädling und einen Wind. Jona setzt sich am Rande von Ninive nieder, um abzuwarten, was passiert. Er wird erschöpft gewesen sein von seinem Fluchtversuch, dem Sturz ins Meer und dem Aufenthalt in dem großen Fisch. Und von der dreitägigen Gehorsamsreise und dem anstrengenden Predigen in dieser furchteinflößenden Stadt.

Da lässt Gott eine schattenspendende Rizinusstaude über Jona emporwachsen. Und Jona ist hocherfreut (vgl. V. 6). Doch am nächsten Tag lässt Gott einen Wurm kommen, der die Pflanze befällt, sodass sie verwelkt. Und noch einen Tag später schickt Gott einen heißen Ostwind, und wieder ist Jona bereit zu sterben.

Wie kommt es, dass offenbar alles in der Schöpfung Gott gehorcht, außer uns Menschen? Der Sturm, das Meer, der Fisch – alle tun sie, was ihr Schöpfer ihnen gebietet. Nur Jona sagt „Nein“. Nur wir Menschen haben einen freien Willen bekommen – und wir benutzen ihn ausgerechnet dazu, uns gegen die Weisheit unseres Schöpfers zu stellen.

Die Botschaft dieser Kette von Ereignissen ist klar. Jona liebt nur sich selbst. Für ihn zählt nur, was Gott für *ihn* tut. Die Stadt mit ihren 120 000 Menschen, der Gott so gnädig gewesen ist, ist ihm egal. Gott zu gehorchen, steht auf seiner Prioritätenliste nicht ganz oben.

Eine Lehre und eine Überraschung

Die letzten Worte des Buches Jona sind eine Lehre und eine Überraschung.

> *Und der HERR sprach: „Du bist betrübt wegen des Rizinus, um den du dich nicht gemüht und den du nicht großgezogen hast, der als Sohn einer Nacht entstand und als Sohn einer Nacht zugrunde ging. Und ich, ich sollte nicht betrübt sein wegen der großen Stadt Ninive, in der mehr als 120.000 Menschen sind?" (Jon 4,10-11)*

Dies ist die Lehre: Gott liebt und erbarmt sich über alle Menschen überall, wenn sie sich zu ihm wenden und zu ihm beten und ihm folgen. Im Evangelium, in Jesus Christus, der für alle gestorben ist, hat er deutlich gemacht, dass er alle zu sich ruft. Seine Liebe zu uns sollte uns motivieren, unsererseits unsere Mitmenschen zu lieben. Wo dies nicht geschieht, stimmt etwas nicht.

Und hier die Überraschung: Das Buch endet nicht mit einer Feststellung, sondern mit einer Frage. Wir wissen, was Jona Gott antworten *sollte* und was er tun *sollte*, aber wir haben keinen Schimmer, wie er tatsächlich reagiert hat. Es scheint, als ob Gott es *uns* überlässt, die Antwort für *unser* eigenes Leben zu formulieren, so wie er es Jona überließ, *seine* Antwort zu finden.

Es ist Gottes Art, unsere äußere Schale aufzubrechen, um Schicht um Schicht freizulegen, bis er unser Herz erreicht hat und uns sagt: *Hier ist dein Problem.* Wie bei Jona an seinem ruhigen Plätzchen am Rand von Ninive, geschieht dies gewöhnlich dann, wenn wir allein sind, uns mit nichts ablenken können und die sensiblen Bereiche unseres Lebens, die wir vor

Gott abgeschottet haben, ans Licht kommen. Kennen Sie solche Situationen?

Es könnte sein, dass Gott Ihnen gerade das sagt, was er mir schon oft gesagt hat: *Ich will dein* ***ganzes*** *Herz. Ich habe es verdient, dass du dich völlig auf mich einlässt.* Dies ist fast immer der Knackpunkt: totale Hingabe. Wenn es darum geht, Gott unser Leben anzuvertrauen, ist Hingabe der logische, letztlich allein mögliche Schritt. Es geht um *Glauben* als Charaktereigenschaft – einen Glauben, der sichtbar wird, wenn ich nicht mehr „Nein", sondern „Ja" zu Gott sage.

In mir, ja in den meisten von uns steckt sehr viel von Jona. Wie ist das bei Ihnen? Ihre Geschichte ist vielleicht nicht so krass oder sensationell wie die von Jona, aber Sie fragen sich, ob Gott Sie beiseite genommen hat, weil Sie in Ihrer Vergangenheit etwas Bestimmtes getan oder nicht getan haben. Es ist vielleicht schon ziemlich spät, aber nie *zu* spät!

Die größte Nachricht ist: Jeder von uns hat die Chance, das Ende der Geschichte selbst zu bestimmen, wie viel er von sich und seinem Herzen bereit ist, Gott zu geben.

Die Reise zurück aus dem Ungehorsam in den Gehorsam können nur wir selbst beginnen. Und sie beginnt, wenn ich zu dem, was Gott mir sagt, nicht mehr „Nein", sondern „Ja" sage.

5

Nach der Dunkelheit das Licht

Die Geschichte von Elia

Es ist genug. Nun, HERR, nimm mein Leben hin!

1. Könige 19,4

Sieben Jahre nach unserer Hochzeit durchlebten meine Frau und ich eine finstere Nacht der Seele, die wir heute als „Mutlosigkeit" und „Depression" bezeichnen würden. Wir wussten beide nicht, was wir dagegen machen sollten; wir wussten noch nicht einmal, wie wir unseren Zustand nennen sollten. Wir waren beide Ende zwanzig und hatten zwei Kinder; das dritte war unterwegs. Wenn ich von der Arbeit nach Hause kam, saß Kim oft in Tränen aufgelöst auf der Treppe und wusste selbst nicht warum.

Sie fühlte sich einsam, nutzlos und als Versagerin. Sie kämpfte mit dem Impuls, wegzulaufen und – schlimmer noch – mit intensiven Selbstmordgedanken. Wir wussten nicht, wer von unseren Freunden schon einmal Ähnliches erlebt hatte, wir kannten damals keine Seelsorger und meine theologische Ausbildung hatte mich auf unsere Situation in keiner Weise vorbereitet. Wir wussten nicht, wohin mit unserem Elend.

Wir starrten einander an und fragten uns, wie unsere Zukunft aussehen sollte – falls wir denn eine hatten. Wir waren vollkommen ratlos, alles schien schwarz zu sein. Optimismus war ein Fremdwort.

Wir waren, ohne es recht zu merken, in einen neuen Lebensabschnitt hineingerutscht. Es war ein Abschnitt, auf den wir nicht vorbereitet waren und für den wir keinerlei Strategie parat hatten.

Lange Zeit waren Depressionen für die Betroffenen eine finstere, einsame Hölle. Heute redet man endlich über Depressionen und Mutlosigkeit, und wir hören immer wieder die Geschichten der Betroffenen. Und ehrlich gesagt: Wir *müssen* über diese Dinge reden. Depressionen treten in tausend Gestalten auf und betreffen Millionen von Menschen – zurzeit weltweit angeblich über 264 Millionen, was sie laut der WHO zur „Hauptursache von Erwerbsunfähigkeit" macht.[7]

Fast alle, die schon einmal Depressionen durchlebt haben, erfahren diese als längere Phasen, in denen sie emotional „unten“ sind. Ein überwältigendes Gefühl der Traurigkeit, ja, der Verzweiflung macht es vielen von ihnen unmöglich, ihren Alltag zu meistern oder durchzustehen, und für manche wird der Selbstmord zu einem potenziellen Notausgang aus den schwarzen Wolken der Depression.

Der Weg aus der Dunkelheit

Ich habe am Anfang dieses Kapitels eine Aussage gemacht, die für meine Frau und mich damals nur zu real war: **Wir wussten nicht, wohin damit**. Damals hatten wir keinerlei menschliche Hilfen. Keine Seelsorger oder Experten, keine hilfreichen Bücher, keine Freunde, bei denen wir uns hätten aussprechen können. Es gab nirgends „Licht“ für uns. Und als junger Pastor stand ich auch noch unter dem Druck, der Gemeinde eine vorbildliche Familie zu präsentieren. Heute weiß ich, dass jeder depressive Mensch sich so fühlt wie wir damals.

Als wir uns in unserer Verzweiflung endlich an Gott wandten und, der unsicheren Stimme unseres Glaubens folgend, anfingen, in der Bibel nach Antworten zu schürfen, entdeckten wir, dass Gott ein unglaublich praktisches Fallbeispiel für uns parat hatte.

Was mich zu einem Mann namens Elia bringt. Elias Kampf mit Enttäuschung und Depression, bis hin zu seinem Wunsch, lieber tot zu sein, ist von einer erstaunlichen Aktualität. Man braucht keine problematische Vorgeschichte, um in ein seelisches Loch zu fallen. Elias Vorgeschichte war fantastisch. Er war ein großer Prophet Gottes zur Zeit des Alten Testaments; Prophet sein – das war damals die höchste Berufung, die man sich vorstellen konnte. Elia sprach für Gott, und für Gott sprechen konnte nur jemand, der Gottes Stimme gehört hatte. Wiederholt lesen wir in der Geschichte Elias den Ausdruck vom „Wort des HERRN“. Aber Elia war nicht nur ein entschiedenes Sprachrohr Gottes, er hatte auch eine barmherzige Ader. Es war Elia, der in der Kraft Gottes einen Jungen von den Toten auferweckte und eine Witwe vor dem Verhungern rettete.

Der Gipfel seines Wirkens kam, als er auf dem Berg Karmel ganz allein den 850 falschen Propheten des Baals und der Aschera gegenübertrat. Er war damals der Held, als Gott Feuer vom Himmel fallen ließ, das das in Wasser getränkte Holz auf Elias Altar verzehrte. Die Konfrontation mit den falschen Propheten, Elias Gebet, das Feuer Gottes und die anschließende Hinrichtung der falschen Propheten eroberten die Herzen eines ganzen Volkes. Es war eine richtige Erweckung, die Elia zu einem großen Führer Israels machte – vielleicht zu einem der größten in seiner ganzen Geschichte. Elia war ein vorbildlicher Mann Gottes. Und ein hochgeachteter.

Aber dann folgt auf den Höhepunkt, der in 1. Könige 18 berichtet wird, prompt der Tiefpunkt von 1. Könige 19, und wir sehen, wie schnell die Situation sich ändern kann. Der Apostel Jakobus stellt klar: Elia „war genauso ein Mensch wie wir“ (Jak 5,17; NeÜ). Und dies bedeutet nicht nur, dass wir (wie Jakobus betont) so beten können wie Elia, sondern auch, dass wir die gleichen tiefen Täler erleben können wie er.

Der Spießrutenlauf der Depression

Haben Sie schon einmal einen Spießrutenlauf erlebt? Der Spießrutenlauf ist eine Strafe oder Mutprobe, bei der das Opfer zwischen zwei Reihen von Menschen hindurchlaufen muss, die eine Gasse bilden und auf es einschlagen oder es sonstwie attackieren. Ein „Spießrutenlauf" steht für eine Herausforderung oder Konfrontation im Leben. So etwas kann gefährlich werden, und immer ist es eine harte Prüfung. Und er kann sich wiederholen, und manchmal haben wir den Eindruck, dass die Schläge nicht nur von links und rechts kommen, sondern aus sämtlichen Richtungen gleichzeitig.

In 1. Könige 19 erlebt Elia den Spießrutenlauf seines Lebens. Hier der biblische Bericht:

> *Und Ahab berichtete der Isebel alles, was Elia getan hatte, und den ganzen Hergang, wie er alle Propheten mit dem Schwert umgebracht hatte. Da sandte Isebel einen Boten zu Elia und ließ ihm sagen: „So sollen mir die Götter tun, und so sollen sie hinzufügen! Ja, morgen um diese Zeit mache ich dein Leben dem Leben eines von ihnen gleich!" Da fürchtete er sich; und er machte sich auf und lief um sein Leben und kam nach Beerscheba, das zu Juda gehört; und er ließ seinen Diener dort zurück. Er selbst aber ging in die Wüste eine Tagereise weit und kam und ließ sich unter einem einzelnen Ginsterstrauch nieder. Da wünschte er sich, sterben zu können, und sagte: „Es ist genug. Nun, HERR, nimm mein Leben hin! Denn ich bin nicht besser als meine Väter." (1Kö 19,1-4)*

Elias Spießrutenlauf hatte mehrere Aspekte. Ihrer hat möglicherweise noch mehr, aber wir alle können uns in dem, was Elia erlebte, wiederfinden.

Erstens erlebte Elia ein Gefühl der **Leere**. Es war eine der Folgen seines körperlichen und geistlichen Marathonlaufs der letzten paar Tage. Erst oben auf dem Berg die massive Konfrontation mit den Baalspriestern, dann – nur Stunden später – das plötzliche finstere Tal mit einer Achterbahn von Gefühlen. Können Sie sich Elias ungeheure innere Anspannung vorstellen, das Warten und Beten und dann den ungeheuren Kräfteeinsatz bei der Hinrichtung hunderter falscher Propheten? Und nachdem Gott sich mit solch einer unvergesslichen Macht geoffenbart hatte, plötzlich diese leeren Stunden, in denen scheinbar nichts geschah. An gewöhnlichen Tagen erleben wir Gott nicht so wie an solch ungewöhnlichen Tagen. Wir lieben das Feuer auf dem Berggipfel und haben Angst vor der Stille im dunklen Tal.

Zweitens erlebte Elia **Widerstand**. Man sollte meinen, dass der Sieg auf dem Karmel allen Widerstand erstickt hatte, aber Isebel stachelte er nur noch mehr auf. Sie war eine wahrhaft böse Frau, und sie drohte Elia den Tod binnen 24 Stunden an. Es hat seine Gründe, warum wir unsere Töchter nicht „Isebel" nennen. Isebel war nicht nur voll Hass, sie hatte auch als Frau des Königs von Israel erhebliche Machtmittel zur Verfügung. Und vergessen wir nicht, dass dies nicht nur ein politischer, sondern ein geistlicher Machtkampf war. Elia hatte ja das getan, was Gott ihm aufgetragen hatte, mehr war kaum möglich.

Drittens erlebte Elia **Angst**. Angst angesichts der Drohungen Isebels. Was Gott gerade erst oben auf dem Berg getan hatte, schien er schon wieder vergessen zu haben. Wir vergessen nur zu leicht, dass der Gott, der auf dem Gipfel des Berges mächtig ist, dies auch im dunklen Tal ist. Ich erlebe es immer wieder, wie Menschen sich von der Angst beherrschen lassen. Dies führt leicht zu Fehlentscheidungen – z. B., dass wir auf Abstand zu eben den Menschen gehen, die uns helfen könnten, oder den Ängsten eine Macht zuschreiben, die sie gar nicht haben. Was hat Paulus Timotheus noch geschrieben?

Denn Gott hat uns nicht einen Geist der Verzagtheit gegeben, sondern den Geist der Kraft und der Liebe und der Besonnenheit. (2Tim 1,7; ZÜ)

Doch es kommt noch schlimmer. Das Vierte, was Elia erlebt, ist **Einsamkeit**. Er hat den Fehler gemacht, seinen bewährten Diener zurückzulassen und allein in die Wüste zu gehen, wo alles, was er noch hatte, das Echo seiner dunklen Gedanken war. Er hat vergessen, dass er andere Menschen braucht, die ihn an Gottes Treue erinnern und sein verqueres Denken korrigieren können. Wenn Sie mit Depressionen kämpfen, verschlimmern Sie die Lage bitte nicht dadurch, dass Sie die Einsamkeit suchen. Alleinsein tut nie gut im finsteren Tal.

Kennen Sie jemanden, der gerade mit Depressionen kämpft? Sein Schweigen ist mindestens eine gelbe Fahne, wenn nicht sogar eine rote. Schweigen signalisiert, dass wir Menschen brauchen, die uns durch unsere Krise durchhelfen. Suchen Sie das Gespräch mit anderen – tun Sie das Gegenteil von dem, was Elia tat.

Als ob all dies noch nicht genug ist, hat Elia fünftens auch mit **Erschöpfung** zu kämpfen. Er lässt seinen Diener zurück und geht allein eine weitere Tagereise in die Wüste hinein. Was ihn antreibt, ist die Hoffnung, seinem Feind davonlaufen zu können – aber all dieses Weglaufen macht ihn nur noch schwächer und müder. Was Elia braucht, ist eine Ruhepause; was er bekommt, ist immer mehr Erschöpfung.

Und sechstens hat Elia den Eindruck, dass **es keine Zukunft für ihn gibt**. Er ist davon überzeugt, dass Gott mit ihm fertig ist. Er hat keine Antworten mehr, obwohl er doch genau weiß, bei wem er sie finden könnte. „Nimm mein Leben hin …“ – so ein Satz signalisiert, dass man in ein wahrlich schwarzes Loch gefallen ist. Elia sagt: *Gott, ich gebe auf! Das ist das Einzige, was ich machen kann.*

In einem Anhang zu C.S. Lewis' Buch *The Problem of Pain* heißt es:

> *Seelischer Schmerz ist weniger dramatisch als körperlicher Schmerz, aber dafür häufiger und schwerer zu ertragen. Der häufige Versuch, ihn zu verbergen, macht die Last nur noch schwerer. Es ist leichter, zu sagen: „Ich habe Zahnweh", als zu sagen: „Ich habe ein gebrochenes Herz."*[8]

Ich habe mich nie körperlich gequält, aber ich habe mich mehr als einmal seelisch zermartert und mir dabei Narben zugefügt, die tiefer gehen und länger anhalten als die des Körpers. Ich schätze mal, dass es den meisten von uns so geht, und wenn das so ist, dann kennen wir uns aus mit dem erbarmungslosen inneren Spießrutenlauf der Selbstverurteilung. Kein Wunder, dass der große Feind unserer Seele ihn so gezielt einsetzt. Es ist gerade diese seelische Selbstfolter, dieser Ringkampf mit all unseren falschen Bildern von der Realität, der uns immer tiefer ins Loch der Depression treibt.

Weiß ich wirklich, wie alles ausgehen wird?

Die Lage ist selten so schlimm, wie sie sich anfühlt. Unsere Geschichte endet fast nie so, wie wir das in unseren dunklen Stunden befürchten – es sei denn vielleicht, wir beenden sie selbst. An irgendeinem Punkt unseres Kampfes mit der Depression müssen wir bekennen: „Gott, ich bin leer, ich habe Angst, ich bin allein, ich habe keine Hoffnung mehr." Es ist gut, wenn wir mit *unseren* Möglichkeiten am Ende sind.

Elia war an diesem Punkt – und so offen und ehrlich gegenüber Gott, wie ein Mensch das sein kann. Es ist mehr als bloß bemerkenswert, es ist ganz entscheidend, dass Elia hier mit *Gott* redet und nicht nur mit sich selbst.

Schauen wir uns sein Gebet einmal genauer an. Elia sagt: „Es ist genug. Nun, HERR, nimm mein Leben hin!" Er sagt *nicht:* „Es ist genug; ich werde mir das Leben nehmen." Sehen Sie den Unterschied? Im ersten Satz reden wir mit Gott, im zweiten mit uns selbst. Der erste Satz überlässt Gott, wie die Sache ausgehen wird, der zweite nimmt sie in die eigene Hand.

Wir dürfen nicht beenden, was nur Gott beenden darf. Wir sind nicht für eine Entscheidung dieser Tragweite geschaffen, und wir können nicht in die Zukunft hineinsehen. Letztlich müssen wir Gott als den Herrn über Leben und Tod anerkennen. Wer sind wir, dass wir eigenmächtig unser Leben beenden, das Gott erschaffen hat? Wie können wir behaupten, dass keine Besserung mehr möglich ist und dass Gott nichts mehr vorhat mit unserem Leben?

Elia gibt dies zu in seinem Verzweiflungsschrei gegenüber Gott. Obwohl für ihn alles aus zu sein scheint, glaubt er doch noch, dass Gott das letzte Wort hat. Und weil er zu Gott schreit und weitermacht, nimmt sein Leben eine dramatische, ungeahnte Wende zum Besseren.

Ein Bote der Hoffnung

Vor vielen Jahren hörte ich folgende Anekdote: Bei einer Überschwemmungskatastrophe hatte ein Mann auf dem Dach seines Hauses Zuflucht gesucht. Ein Boot kam, aber er weigerte sich, einzusteigen: „Ich vertraue auf Gott!" Dann kam ein Hubschrauber, aber wieder sagte er, er wolle ganz auf Gott vertrauen; der würde ihn retten. Das Wasser stieg weiter, und er ertrank schließlich. Als er vor Gottes Thron trat, sagte er vorwurfsvoll: „Gott, warum hast du mich nicht aus dieser Flut gerettet?" Und Gott antwortete ihm: „Hast du das Boot und den Hubschrauber, die ich geschickt habe, nicht gesehen?"

Die Geschichte mag ein bisschen kitschig sein, aber sie illustriert etwas sehr Wichtiges. Gott weiß immer, wie es uns geht, und er kann uns immer Hilfe schicken. Manchmal erkennen wir nicht, dass die Hilfe von ihm kommt, aber er steckt hinter ihr.

In 1. Könige 19 schickt Gott Elia einen Engel, der ihn stärken soll. Was als Nächstes passiert, sollten wir uns alle zu Gemüte führen:

> *Und der Engel des Herrn kehrte zurück, kam zum zweiten Mal und rührte ihn an und sprach: „Steh auf, iss! Denn der Weg ist zu weit für dich." Da stand er auf und aß und trank, und er ging in der Kraft dieser Speise vierzig Tage und vierzig Nächte bis an den Berg Gottes, den Horeb. (1Kö 19,7-8)*

Die Gegenwart des Engels ist ebenso einfach wie tiefgründig. Gott hat Elia jemanden geschickt. Gott sendet einen Engel, weil Elia einen Engel *braucht*. Es ist eine Intervention in Elias Leben, die ihn vom Dunkel ins Licht bringen soll. Manchmal brauchen auch wir so einen Engel, und ein anderes Mal bekommen wir den Auftrag, selbst solch ein Engel für andere zu sein. Ich habe es in meinem Leben mehrere Male erlebt, wie Gott mir in einer dunklen Stunde einen Menschen schickte, um mir das Wort zu sagen, was ich brauchte. Noch einmal: Wir tun uns nichts Gutes, wenn wir uns in Zeiten der Depression von anderen Menschen abschotten.

In der Bibel – im Alten wie im Neuen Testament – sind Engel Boten, die ein Wort Gottes bringen. Hier lautet dieses Wort: *Elia, du solltest jetzt an einem anderen Ort sein. Es ist Zeit, loszugehen.* So geht Gott vor. Ob durch einen Engel oder einen anderen Menschen, Gott spricht zu Elia.

Ich möchte diese Szene nicht banalisieren. Dies *ist* ein übernatürliches Ereignis. Elias Besucher *ist* ein Engel. Elia befindet sich an einem einsamen Ort, und er kann tatsächlich vierzig Tage durch die Speise laufen, die der Engel ihm gebracht hat. Gott lässt ihn in seiner Schwäche und Hoffnungslosigkeit nicht allein. Auch wenn sonst niemand zu Elia kommt (weil niemand da ist), dieser Engel kommt, als Bote Gottes.

Der Prophet hat sich bereits etwas ausgeruht. Er liegt schlafend unter einem Ginsterstrauch, als der Engel kommt. Elia braucht jemanden, der bei ihm ist, und so kommt der Engel und rührt ihn an. Eine Berührung durch einen anderen Menschen ist etwas Starkes – und hier ist es sogar ein Engel. Elia muss auch aufstehen und etwas essen. Es gibt Dinge, die wir nur tun können, wenn wir auf den Füßen sind, aber nicht, wenn wir im Bett liegen.

Einer meiner Mentoren hat hier einen wertvollen Rat. Er sagt, dass wir dann am meisten in Gefahr durch die Sünde, unser Selbst und den Satan sind, wenn wir

- **Ausgehungert**
- **Angstvoll**
- **Allein**
- **Ausgelaugt**

sind. Der Mann hatte recht, wie ich im Laufe der Jahre festgestellt habe. Wenn ich merke, wie eines oder mehrere dieser Symptome sich in meinem Leben breitmachen, muss ich anhalten und meine Batterien neu laden. Im Rückblick würde meine Frau Kim sagen, dass sie während ihres Kampfes mit der Depression die meiste Zeit einsam und müde war.

Wir brauchen Ruhe. Wir brauchen Erholung. Und wir brauchen Gemeinschaft – mit Menschen, denen wir wichtig sind. Hier kommt die Gemeinde ins Spiel: Gerade, wenn wir in Not sind, können und sollten wir sie aufsuchen. Darum ruft Gott Menschen in den Dienst der Ermutigung und Seelsorge. Und darum hat er uns die Möglichkeit des Gebets füreinander gegeben – und die Zusage, dass er uns erhört.

„Warum hast du mich verlassen?", ruft der Beter in Psalm 22,2. Aber dann fährt er fort: „Auf dich vertrauten unsere Väter; sie vertrauten, und du rettetest sie ... sie vertrauten auf dich und wurden nicht zuschanden" (V. 5-6).

Suchen Sie Gott. Vergessen Sie nicht, was er für andere bereits getan hat.

Begegnung mit Gott

Viele Schlüsselbegegnungen in der Bibel haben drei Kernelemente. Das erste ist das persönliche Element – das Problem, das jemand hat. Dann das mitmenschliche Element – das, was andere Personen sagen und tun. Und schließlich der entscheidende Augenblick, wo Gott der Person begegnet und ihr Leben verändert. Bei Elia gehörte es zu der Gottesbegegnung dazu, dass Gott erst seine Macht über die Naturgewalten demonstrierte, bevor er in einem „leisen Wehen" (19,12) zu Elia sprach. Gott weiß genau, was er tun muss, um unsere Aufmerksamkeit zu bekommen.

Und siehe, eine Stimme geschah zu ihm: „Was tust du hier, Elia?" Und er sagte: „Ich habe sehr geeifert für den HERRN, *den Gott der Heerscharen. Deinen Bund haben die Söhne Israel ja verlassen, haben deine Altäre niedergerissen und deine Propheten mit dem Schwert umgebracht. Und ich bin übrig geblieben, ich allein, und nun trachten sie danach, auch mir das Leben zu nehmen." Da sprach der* HERR *zu ihm: „Geh, kehre auf deinem Weg durch die Wüste zurück und geh nach Damaskus!" (1Kö 19,13-15)*

Als meine Frau, Kim, mit ihren Depressionen kämpfte, hatte sie folgende Fragen: *Wird mein Leben jemals wieder anders werden? Gott, verstehst du, wie ich mich fühle? Was soll ich machen, wenn ich nicht weiß, was ich machen soll?*

Wir haben nicht immer alle Antworten, die wir gerne hätten. Aber Gott hat sie, und er lässt sich von uns auch dann finden, wenn um uns herum alles dunkel ist.

Nach 35 Jahren als Pastor und Seelsorger und diversen eigenen Krisen, wo ich eine Begegnung mit Gott brauchte, kann ich Ihnen nur so laut und deutlich wie irgend möglich versichern: *Gott ist da, immer noch. Wir sind ihm nicht egal, und er redet nach wie vor zu uns.*

Nein, ich kann Ihnen nicht sagen, wie Gott sich Ihnen in Ihrer konkreten Situation offenbaren wird. Ich fordere Sie nicht auf, auf einen Berggipfel zu gehen und dort auf Gottes Stimme zu warten, auch wenn ich es Gott durchaus zutraue, auch heute so zu jemandem zu reden. Gott kann das – und er hat es getan. Aber ich kann Ihnen verraten, wie Gott oft Menschen wie Ihnen und mir begegnet ist, und ich kann Ihnen helfen, Sie für dieses Reden Gottes vorzubereiten. Schauen wir uns noch einmal an, wie Gott Elia begegnete.

Erstens: Gott stellt Fragen. „Was tust du hier, Elia?" Er fragt dies nicht, weil er nicht wüsste, was Elia macht. Der allwissende Gott weiß alles, vom Anfang bis zum Ende der Ewigkeit. Er ist der Gott, der am Anfang schon das Ende weiß. Gott braucht niemanden, der ihn informiert. Nein, Gott stellt Fragen an uns, damit *wir* merken, was los ist.

Im Garten Eden fragt Gott Adam: „Wo bist du?" (1Mo 3,9). Und den gerechten Hiob, der durch großes Leid ging und sich fragte, wie Gott Gut und Böse austariert, fragt er: „Wo warst du, als ich die Erde gründete?" (Hi 38,4).

Noch einmal: Gott stellt uns Fragen, um *uns* die Augen dafür zu öffnen, was uns gerade passiert und wohin unser Handeln uns führen wird. Gott fragt uns, weil es uns noch nicht richtig klar ist, in was für einer Situation wir uns befinden. Wir spüren wohl, dass irgendetwas nicht stimmt, aber wir wissen nicht, warum.

Daher die Frage an Elia: „Was tust du hier?" *Warum bist du in der Wüste? Warum bist du auf der Flucht? Warum hast du dich so überanstrengt und deinen Posten verlassen? Was meinst du, was du mit diesem Verhalten erreichen wirst?*

Mehr als einmal hat Gott auch mir Fragen gestellt: *Warum denkst du so? Was hatte ich dir denn aufgetragen? Warum zögerst du?*

Zweitens: Gott korrigiert Sichtweisen. Elias Antwort an Gott zeigt, wie begrenzt seine Perspektive ist. Er redet nur über sich selbst und dass Isebel ihm ans Leben will. Er ist voller Angst und Enttäuschung. Er beschreibt seinen Eifer für Gott so, als sei er der Einzige auf der ganzen Erde, der bereit ist, Gott zu dienen, und kann es nicht fassen, wie Gott es zulassen kann, dass dieser Einzige womöglich stirbt.

Vor langer Zeit hat mir diese Geschichte eine Wahrheit aufgeschlossen, die sich für viele Menschen als segensreich erwiesen hat: Selbstmitleid und Selbstgerechtigkeit sind die großen Feinde einer ausgewogenen Sichtweise. Solange ich davon überzeugt bin, dass niemand so leidet wie ich und dass ich mein Elend nicht verdient habe, kann ich unmöglich das ganze Bild sehen, und das bisschen, was ich sehe, zehrt meine Kräfte auf.

Sachte und sanft eröffnet Gott Elia, wie es weitergehen wird. Nein, es geht nicht um Elias Tod, es geht um seine Zukunft. Gott konfrontiert Elias trübsinnige Spekulationen mit der Wahrheit. Elia glaubt also, der einzige Diener Gottes zu sein? Aber Gott sagt ihm: Es gibt noch 7000 andere, die ihre Knie nicht vor Baal gebeugt haben! Dies verändert Elias Perspektive radikal.

Drittens: Gott zeigt uns einen Weg. Wenn Gott unsere Aufmerksamkeit bekommen hat, zeigt er uns gewöhnlich einen Weg, den wir gehen können. Elia glaubt, dass er bald sterben wird, aber Gott eröffnet ihm, dass es noch einiges für ihn zu tun gibt, und er sagt ihm auch, was das ist. Wir alle brauchen diese nächsten Schritte in unserer Situation.

Im Grunde gibt Gott uns Sinn und Ziel. Bei Elia war dies kein neues Ziel. Es war die Aufgabe, die er als Prophet die ganze Zeit schon gehabt hatte, aber die er durch seine Krise und seine Angst aus dem Blick verloren hatte. Gott sagt ihm schlicht: *Dies ist nach wie vor mein Auftrag für dich.* Und das reichte, um Elia wieder auf die Beine zu stellen.

Wenn wir ihn am meisten brauchen, stellt Gott uns Fragen, korrigiert Sichtweisen und gibt Wegweisung. Und um genau das sollten wir bitten, wenn wir unten im finsteren Tal sind. *Gott, was weiß ich nicht, was ich aber dringend wissen müsste? Wo vertraue ich dir nicht in meiner Situation? Was sind deine Aufträge für mich?*

Wenn Sie im dunklen Tal sind und nicht wissen, was Sie tun sollen, dann beten Sie so zu Gott. Und dann warten Sie auf seine

Antworten, die Sie brauchen, um weiterzugehen. Sie werden kommen.

Auf die Nacht folgt der Morgen

Am Anfang dieses Kapitels beschrieb ich die Depressionsphase, die Kim und ich durchlitten hatten. In den folgenden Monaten erlebten wir, wie die dunkle Decke sich hob. Das Leben wurde wieder lebenswerter, und wir konnten uns wieder freuen. Heute, nach mehreren Jahrzehnten Ehe und nachdem wir sechs Kinder aufgezogen haben, darf ich meine Frau oft lächeln sehen. Wir sind beide sehr, sehr dankbar.

Und wie erging es Elia? Nun, er tat das, was Gott ihm auftrug, und salbte schließlich Elisa zu seinem Nachfolger.

Erinnern Sie sich noch, vor welchem Menschen Elia am meisten Angst hatte – so viel Angst, dass er in die Wüste flüchtete? Richtig, es war Isebel, die ihm den Tod binnen 24 Stunden angedroht hatte. Es wurde nichts daraus. Stattdessen ließ Gott durch Elia Isebels eigenen grausamen Tod prophezeien. Und er benutzte Jehu dazu, den er durch Elia zum König über Israel salben ließ, um diesen Tod herbeizuführen. Anders ausgedrückt: Elias Gehorsam gegenüber Gottes Aufträgen war die Antwort auf seine Ängste.

Wissen Sie noch, wie die Geschichte ausging und wie Elias Leben in dieser Welt endete? In 2. Könige 2 lesen wir:

> *Und es geschah, während sie [Elia und Elisa] gingen, gingen und redeten, siehe da: ein feuriger Wagen und feurige Pferde, die sie beide voneinander trennten! Und Elia fuhr im Sturmwind auf zum Himmel. (2Kö 2,11)*

Es gibt in der Bibel keine Zeile über Elias Tod. Viele Theologen sagen, dass er nie starb und dass Gott ihn in der Endzeit wieder als seinen Diener benutzen wird. Alles das, was Elia befürchtet hatte, trat nicht ein.

Wir wissen so wenig über das große Bild. Wir wissen aber, dass wir alles in Gottes Hand legen dürfen. Und wenn wir das tun, lernen wir einen Gott kennen, der groß genug ist, um unser Leben wieder auf die Beine zu stellen.

6

Schwierige Menschen und Gottes Güte

Die Geschichte von Abigajil

Sieh zu, ob du noch etwas tun kannst.

1. Samuel 25,17; NeÜ

Wenn ich dieses Kapitel schreibe, ist mein Problem nicht, dass es in unserer heutigen Kultur keine Beispiele für Menschen gäbe, die schlecht von ihren Nächsten behandelt oder unterdrückt werden, sondern dass es so *viele* Beispiele gibt.

Im Laufe der Jahre habe ich etliche zerbrochene Ehen kennengelernt. Meistens war der Hauptleidtragende die Frau, auf deren Schultern die Last folgenschwerer Entscheidungen lag und die eine der schwierigsten Wegstrecken ihres Lebens bewältigen musste.

Hier der aggressive, egoistische Ehepartner, dort die Kinder, die ernährt und beschützt werden wollen – eine unglaubliche Herausforderung. Dazu noch die innere Einsamkeit und Verlassenheit, weil niemand hilft, und wir haben ein Bild von Elend und Mühsal.

Ich bin froh, dass die Bibel solche verfahrenen Situationen nicht unter den Teppich kehrt. Ich bin dankbar für die Beispiele von Menschen, die solch schwere Zeiten erlebt und dabei entdeckt haben, dass Gott da ist und dass er uns sieht und sich um uns kümmert und barmherzig ist.

Eines dieser Beispiele ist Abigajil.

Ich weiß selbst nicht, warum ich die Geschichte von Abigajil jahrelang eher stiefmütterlich behandelt habe, aber das hat sich vor Kurzem geändert und ich habe hier große Schätze entdeckt. Ein einziges Kapitel in der Bibel ist Abigajils Leben gewidmet, aber dieses Leben ist wie ein Leuchtturm der Weisheit und Hoffnung für alle, die in ihren Beziehungen enorme Schwierigkeiten schultern müssen.

Dies ist nicht eine Geschichte über Ehe, obwohl Abigajils Ehe nicht einfach war. Dies ist die Geschichte einer Frau, die in einer Krisensituation einen klaren Kopf bewahrte und die richtige Entscheidung traf. Es ist eine Geschichte, die zeigt, wie wir mit Menschen in unserem Leben umgehen können, deren destruktives Wesen uns in die sichere Katastrophe zu ziehen droht. Es geht um Risiken und um Vertrauen und darum, wie man mit seinen Worten und Taten Klippen sicher umschifft, an denen das Lebensboot zu zerschellen droht.

Die ersten drei Verse von 1. Samuel 25 liefern uns so etwas wie eine Instagram-Foto-Version von Abigajils Leben. Sie ist mit einem Mann namens Nabal verheiratet, der „sehr vermögend" ist; er nennt nicht weniger als 3000 Schafe und 1000 Ziegen sein Eigen (V. 2). Modern ausgedrückt, ist er der Herr einer großen Ranch mit tausenden von Hektar Land, die irgendwo ganz weit draußen liegt. Abigajil ihrerseits ist „von klarem Verstand und von schöner Gestalt" (V. 3). Eine schöne Frau und Mitmanagerin eines großen landwirtschaftlichen Betriebes.

Das Leben scheint schön zu sein für Abigajil. Aber dann kommt das Ende von V. 3: „Der Mann aber war roh und boshaft in seinem Tun ..."

Die größten Herausforderungen des Lebens

Manche der größten Herausforderungen in unserem Leben haben nichts mit äußeren Umständen, plötzlichen Katastrophen oder Versuchungen zu tun, sondern schlicht mit Menschen.

Harte, böse Menschen. Menschen, die die Luft zu verpesten scheinen. Jähzornige Menschen. Verkorkste Menschen, die uns durch ihre Einstellung und ihr Verhalten in Gefahr bringen. Menschen, die uns unterdrücken, vielleicht sogar missbrauchen oder misshandeln. Menschen wie Nabal, Abigajils Ehemann. Es gibt solche destruktiven Menschen natürlich nicht nur in Ehen.

Solche Menschen führen uns in Situationen, wo die Angst uns lähmen will und wir irgendetwas brauchen, um diese Angst zu überwinden. Wir brauchen Beispiele, wo Menschen durch solche Situationen der Spannung, ja der Panik hindurchgegangen sind und entdeckt haben, wie am Ende alles gut wurde. In diesem Kapitel wird es darum gehen, wie wir mit „schwierigen" Freunden, Kollegen oder Nachbarn umgehen können, um Krisensituationen des Lebens zu meistern.

Die Geschichte von Abigajil enthält Augenblicke, wo wir unwillkürlich die Luft anhalten: Was wird jetzt kommen? Aber Gott führt Abigajil sicher durch die Krise hindurch und an einen Ort, den sie (und der Leser) sich im Traum nicht hätte vorstellen können.

Abigajils Geschichte zeigt, wie Gott unsere Umstände und die schwierigen Menschen um uns herum so benutzen kann, dass unser Leben heil wird. Und wenn er das bei Abigajil tun konnte, kann er es auch bei Ihnen tun.

Abigajil, die Frau des wohlhabenden Landbesitzers, erlebt, wie ein junger Mann und König in spe namens David mit mehreren hundert Getreuen durch die Wüste Paran streift. David ist ein furchtloser Anführer; wer vor einem riesigen Krieger namens Goliat keine Angst gehabt hat, der hat vor niemand Angst. David ist es gewöhnt, dass er sich durchsetzt.

Aber ihm steht der gerade erwähnte rohe und böse Nabal gegenüber, dem das Land gehört, das David und seine Schar gerade durchstreifen (s. 1Sam 25,15-16). Nabal ist gerade dabei, das Fest der Schafschur vorzubereiten, und Davids hungrige Mannen wissen das; sie haben ja praktisch geholfen, Nabals Schafherden zu beschützen. David schickt also zehn seiner Leute zu Nabal, um ihn um einen Gefallen zu bitten:

Nimm also meine jungen Leute freundlich auf, denn wir kommen doch zu einem Fest! Gib ihnen mit, was du für deinen Sohn David erübrigen kannst! (1Sam 25,8; NeÜ)

Nabals Antwort passt ganz zu seinem Charakter; sie ist grob und bösartig:

David, wer ist das? Der Sohn Isais, wer soll das sein? ... Da soll ich mein Brot und Wasser nehmen und die Tiere, die ich für meine Schafscherer geschlachtet habe, und es Leuten geben, von denen ich nicht einmal weiß, woher sie kommen? (V. 10-11; NeÜ)

Die Respektlosigkeit ist mehr als offensichtlich. Jeder wusste, wer David war. Jeder in Israel hatte von seinem Geschick im Kampf, von seinem Mut und von seiner Salbung zum König gehört. Aber Nabal wischt das alles beiseite, und damit haben wir *zwei* zornige Männer, die bereit zur Konfrontation und zum Blutvergießen sind. David begibt sich prompt mit 400 Bewaffneten auf den Weg zu Nabals Haus.

Die Katastrophe scheint unvermeidlich. Wie es auch ausgehen wird, es wird sicher Blut fließen. Einer der beiden muss einlenken, aber weder Nabal noch David scheinen dazu bereit zu sein. Es ist das Todesurteil für Nabal und all seine Leute, wenn man die Dinge laufen lässt. Hier, mitten im Nirgendwo, gibt es keine Polizei, keine Gerichte, niemand, den man zu Hilfe rufen könnte.

Es geht ums Ganze

Nichts und niemand steht zwischen David und Nabals Haus. Niemand, außer einer Frau: Abigajil.

In den ersten drei Versen von 1. Samuel 25 kann ich mir ein paar Menschen vorstellen, die mit Abigajil tauschen würden; in den nächsten 17 Versen geht die Zahl drastisch zurück. Wer möchte schon solch eine hoffnungslose Situation erleben?

Ihr Ehemann wird nicht nachgeben, und der junge König in spe auch nicht. Keiner der beiden Männer scheint so vernünftig zu sein, um an Gespräche oder Verhandlungen auch nur zu denken. Abigajil, ihr Haus und Davids Krieger sind den Entscheidungen dieser beiden Männer ausgeliefert.

Er ist schwer vorstellbar, wie Gott aus etwas so Verfahrenem wie diesem Szenario etwas Gutes kommen lassen kann, aber er möchte uns anhand dieser Geschichte demonstrieren, dass er der Gott ist, der Situationen verändern, ja, heilen kann – und wenn sie noch so sehr von Unrecht und Gewalt geprägt sind. Dies ist eine Mutmachgeschichte, und wer weiß, vielleicht kann sie uns sogar zu der Weisheit verhelfen, die Abigajil in ihr zeigt.

Abigajils Geschichte zeigt uns auch, **zu welchem Charakter Gott Ja sagt**. Der Wendepunkt in der Geschichte kommt, als Abigajil erfährt, wie brenzlig die Lage ist. Der junge Mann, der ihr die Nachricht bringt, nimmt kein Blatt vor den Mund:

> *Sieh zu, ob du noch etwas tun kannst, sonst ist unser Herr und sein ganzer Haushalt verloren. Er ist ja so boshaft, dass man nicht mit ihm reden kann. (V. 17; NeÜ)*

David und seine Leute rücken bereits auf Nabals Haus zu, und Nabal ist so wütend, dass er nicht mehr ansprechbar ist. Der Bote macht es klar: Die einzige Person, die Nabals Haus noch retten kann, ist Abigajil.

Und in diesem Augenblick bekommt ihr Charakter seine Sternstunde.

Abigajil übernimmt Verantwortung

Sie denken jetzt vielleicht: „Nicht so schnell! Abigajil ist schön, sie ist reich, und sie ist nicht Teil des Streits. Sie kann bestimmt ihre Haut retten, wenn David kommt." Nun gut, aber was wäre mit Nabal? Oder mit all ihren treuen Dienern? Und dem Rest der Familie?

Andere sehen hier vielleicht *die* Gelegenheit für Abigajil, ihren Nichtsnutz von Ehemann (und wahrscheinlich eine unglückliche Ehe) endlich loszuwerden. Aber Abigajil sieht die Sache nicht so. Sie betrachtet sich als einen Teil dieses Hauses, und sie weiß: Wenn sie dieses Haus nicht verteidigt, werden alle umkommen.

Sie ist die Einzige, die etwas tun kann, um die Situation zu retten.

Es gibt Situationen im Leben, die sind ungerecht. Es ist nicht gerecht, dass Nabal und David Abigajil in diese Situation gebracht haben. Es ist nicht gerecht, dass ihre Diener nicht die Mittel haben, sie effektiv zu beschützen. Aber Abigajil hat keine Zeit, darüber nachzudenken, wie ungerecht das Leben zu ihr ist.

Und deshalb verliert Abigajil auch keine Zeit. Sie inspiziert ihre Vorräte, holt tief Luft, schickt ohne Zweifel ein Stoßgebet um Hilfe nach oben und wagt sich in das Feuer, das diese beiden Männer gelegt haben.

Sie begegnet David am Fuß eines Berges. Während er Drohungen murmelt, keinen Mann in Nabals Haus am Leben zu lassen, überlegt sie, was sie ihm sagen soll. Sie hat die Speisen, den Wein und die Schafe dabei, die Nabal David hätte anbieten sollen – das Beste von dem geplanten Festmahl.

Nabal hat sie kein Sterbenswörtchen gesagt. Vielleicht hat sie ihr bisheriges Leben damit verbracht, zu Nabal zu stehen und sich sein Vertrauen zu verdienen, aber jetzt macht sie einen Alleingang; sie hat gar keine andere Wahl. Was sie jetzt tut, ist wahrscheinlich die Ausnahme und nicht die Regel, aber es rettet Nabals Leben.

Sie greift ein, um ihr Haus zu retten. Sie ergreift das Kommando, so gut sie kann. Sie tritt in die Bresche – für all die, die dies nicht wollen oder nicht können. Es ist eine Situation (und es gibt viele solche Situationen), wo irgendjemand sagen muss: „Ich übernehme jetzt die Verantwortung; ich nehme das auf meine Kappe." So handeln wahre Verantwortungsträger; von Abigajil können wir alle lernen.

Warum überrascht uns Abigajils Reaktion nicht? Weil wir alle Frauen wie sie kennen – Frauen, die in Krisen, die andere verursacht haben, das Heft in die Hand genommen und Menschen, die ihnen nahestanden, gerettet haben. Abigajil zeigt die Art Initiative, die viele, viele Mütter, die ich kenne, ebenfalls an den Tag legen würden, wenn es brennt.

Sie zeigt Respekt

Abigajils Diener hat ihr berichtet, was zwischen Davids Männern und Nabal vorgefallen ist. Sie weiß, dass man den Gesalbten und seine Krieger verachtet hat; also erweist sie ihnen mit dem Essen, das sie bringt, die Achtung, die sie nicht bekommen haben. Hier geht es nicht mehr nur um die Stillung des Hungers; es geht um Würde und Respekt. Was jetzt geschieht, ändert die Zukunft.

Als Abigajil David sah, stieg sie eilends vom Esel herab, fiel vor David auf ihr Angesicht und beugte sich zur Erde nieder. (1Sam 25,23)

Beachten Sie, wie oft Abigajil David in diesem Abschnitt mit „mein Herr" anspricht, und wie oft sie ihm Respekt erweist.

Eine der Lektionen, die wir hier lernen, ist, dass es besser ist, allen Menschen (und seien sie noch so gottlos) mit Achtung zu begegnen als mit Forderungen. Abigajil weiß dies und nutzt dieses Wissen bei ihrer Begegnung mit David.

Sie übt Zurückhaltung

Abigajil tut etwas Außergewöhnliches. Sie begegnet David mit genau der Weisheit und Zurückhaltung, die sie sich von ihm selbst erhofft. Mit anderen Worten: Sie zeigt dem zukünftigen König, wie er durch Weisheit in seinem Verhalten seine Zukunft sichern kann. Sie sagt ihm, dass sie glaubt, dass Gott ihm große Siege schenken und ihn auf den Thron Israels setzen wird. Aber – so Abigajil weiter – er möchte doch sicher nicht, dass sein Gewissen belastet sein wird, weil er heute völlig unnötig Blut vergießt:

... dann soll es dir ... nicht zum Vorwurf in deinem Gewissen führen, dass du ohne Grund Blut vergossen und dir selbst geholfen hast. (V. 31; NeÜ)

Dies ist ein Schlüsselmoment: Mitten in der Wüste demonstriert eine Frau einem künftigen König die Macht der Zurückhaltung. Wir wissen nicht, ob Abigajil sich dessen bewusst war, aber wir sehen, dass Gott sie hierher geführt hat, um einen König vor Schaden zu bewahren.

Denke an deine Zukunft, sagt sie praktisch. Was David dann auch tut. Er erkennt: *Diese Frau ist vernünftiger als ich; ich sollte auf sie hören.*

Alle Männer, aufgepasst: Wenn einer der größten Könige der Menschheitsgeschichte in solch einem Moment auf eine Frau hörte, die weiser war als er, sollten wir das dann nicht auch tun? Ich weiß schon nicht mehr, wie oft meine Frau mich mit der Stimme der Vernunft gebremst hat, wenn ich in eine bestimmte Richtung lospreschen wollte.

Aber das Allerwichtigste, was Abigajil hier tut, ist etwas, das wir alle tun sollten. *Sie bringt Gott ins Spiel.* Und dies verändert das Gespräch völlig.

Als David mit seinen Männern gegen Nabal zieht, redet er pausenlos über sich selbst. Wer er ist und was er tun wird. Er beklagt sich über die Respektlosigkeit, die er erfahren hat. Er denkt an blutige Rache. Gott hat er dabei aus dem Blick verloren.

Oswald Chambers hat einmal gesagt: „Sobald wir Gott aus dem Blick verlieren, werden wir leichtsinnig.“ Dies ist ein absolut wahres Wort, das sich wie ein roter Faden durch die Bibel zieht und besonders auch in diesem Abschnitt zum Vorschein kommt. Und kennen wir dieses Prinzip nicht auch aus eigenem Erleben? Wie oft haben wir schon Gott aus dem Blick verloren?

Abigajil dagegen redet ganz selbstverständlich über Gott:

So wahr der HERR lebt ..., der HERR hat dich davor bewahrt, in Blutschuld zu geraten ... Denn sicher wird der HERR meinem

Herrn ein beständiges Haus bauen, weil mein Herr die Kämpfe des HERRN kämpft. Und möge dein Leben lang nichts Böses an dir gefunden werden! (1Sam 25,26.28)

Abigajil war schön, sie war intelligent und sie wird überzeugend geklungen haben. Aber das, was David schlagartig zurück auf den Boden der Realität holte, war, dass sie Gott erwähnte. Plötzlich merkt David: *Hier geht es ja nicht um Nabal und mich, sondern um Gott und mich!* Und kaum hat Abigajil Gott ins Spiel gebracht, zieht David nach:

Gepriesen sei der HERR, der Gott Israels, der dich an diesem Tag mir entgegengesandt hat! Und gepriesen sei deine Klugheit, und gepriesen seist du, dass du mich heute davon zurückgehalten hast, in Blutschuld zu geraten ... (V. 32-33)

David hat eingelenkt. Er hat eingesehen, was hier auf dem Spiel steht. Dass er so auf Abigajils Worte reagiert, zeigt uns einiges über seinen eigenen Charakter. Seine folgenden weisen Worte zeigen dies:

Kehre in Frieden nach Hause zurück. Ich habe gehört, was du gesagt hast, und werde deine Bitte erfüllen. (V. 35; NLB)

Wenn Charakter alles ist

Abigajils Charakter hat sie sicher durch die Krise gebracht. Es ist wahr, dass Charakter im Feuer *geschmiedet* wird, aber es ist noch deutlicher, dass er sich im Feuer *bewährt*. Wie bei Abigajil.

Ihr Charakter ist das, was auch Sie sicher durch den Sturm bringt. Bleiben Sie dem treu, *wer* Sie sind, egal, *wo* Sie gerade sind. Und wer sind Sie? Ein Kind Gottes, das er herzlich liebt, das durch den Tod seines Sohnes erlöst wurde und in dem sein Geist wohnt. Die Bibel ist voller Beispiele von Menschen, deren Charakter im Glauben an Gott wurzelte und die sich von ihm verwandeln ließen. Josefs Charakter trug ihn durch das Gefängnis. Daniels Charakter brachte ihn durch die Löwengrube. Und auch in der Geschichte von David und Nabal tritt Abigajils Charakter deutlich hervor.

In der Charakterschule Gottes lernen Sie die richtigen Einstellungen kennen und trainieren die richtigen Reaktionen. Dies wird Ihr Herz und Ihren Sinn bewahren, wie bei Abigajil.

Abigajils Charakter war unabhängig davon, wie die Geschichte mit David ausgehen würde. Das ist bei Ihnen genauso. Egal, wie die Menschen reagieren – wenn Sie Charakter zeigen und offen von Gott reden, tun Sie das Richtige.

Aber Abigajils Geschichte geht noch weiter. Sie und ihr Haus sind gerettet, aber noch hat sie Nabal nicht erzählt, wie die Sache gelaufen ist. Der böse Mann ist im Hintergrund der Geschichte immer noch da. Wie mag Abigajil gezittert haben, wenn sie nur daran dachte, wie sie ihm ihre Intervention bei David beibringen sollte. Nun, Nabal feiert gerade wie ein König und ist stockbetrunken. Erst am nächsten Morgen nimmt Abigajil ihren Mut zusammen und erzählt ihm alles. Nabal wird buchstäblich vom Schlag getroffen. Zehn Tage später „schlug der HERR den Nabal, sodass er starb“ (1Sam 25,38).

Der Lärm und die Hektik der großen Krise sind weg. Ich sehe Abigajil vor mir, wie sie still dasitzt, staunend darüber, wie ruhig alles geworden ist, und sich fragt, wie es weitergehen wird.

Nein, Gott löst unsere Krisen nicht immer dadurch, dass jemand stirbt. Manchmal leben wir schlicht länger als unsere Krisen dauern; ich habe das in meinem eigenen Leben oft erfahren.

Wir kommen zu den letzten Versen der Bibel über Abigajil. Sie zeigen uns, wie Gott aus den größten Verlegenheiten die unglaublichsten Gelegenheiten machen kann. Wir haben bereits gesehen, wie er Abigajils Charakterstärke honoriert und sie sicher durch die Krise hindurchgetragen hat. Aber das ist noch nicht alles. Gott ist noch nicht fertig mit ihr, und wir können eine Menge daraus lernen.

Es ist nie zu spät

Es ist nie zu spät für den Frieden. Davids Anweisung an Abigajil: „Kehre in Frieden nach Hause zurück" (1Sam 25,35; NLB) verhinderte einen Krieg und brachte Abigajil und ihrem Haus Sicherheit. Wenn wir den Tag, an dem diese Konfrontation stattfand, in Zeitabschnitte aufteilen würden, würden wir feststellen, dass Gott erst fast am Ende auf den Plan trat und alles veränderte. Gott ist ein Gott, der gerne wartet mit seinem Eingreifen. Er ist wie ein Torschütze in der letzten Spielminute.

„Gott kommt selten früh, aber nie zu spät." Kommt das Ihnen bekannt vor? Ich kannte diesen Satz schon seit vielen Jahren, bis ich eines Tages merkte, in wie vielen verfahrenen Situationen er sich schon als wahr erwiesen hat. Ich kann Gottes Timing nie vorhersagen, aber die Art, wie er vorgeht (selten früh, meist spät, nie zu spät), lässt mir oft nichts anderes übrig, als ihm blindlings zu vertrauen. Ich schätze einmal, das ist bei Ihnen nicht anders. Wie war das noch beim Exodus und dem Durchzug der

Israeliten durch das Meer? Gott wartete mit seinem Eingreifen, bis die Ägypter mit ihren Streitwagen die Israeliten, die am Ufer lagerten, fast erreicht hatten (siehe 2Mo 14). Das ist seine Art: *selten früh, aber nie zu spät.*

Oder wie war das, als Jesus Lazarus von den Toten auferweckte? *Vier Tage, nachdem Lazarus gestorben ist*, kommt Jesus zu seinen Schwestern, und Marta begrüßt ihn mit den Worten: „Herr, wenn du hier gewesen wärest, so wäre mein Bruder nicht gestorben" (Joh 11,21). Wir denken, es ist alles zu spät, aber Jesus tut das Wunder und weckt Lazarus auf. Er kommt nie zu spät. Oft bringt er ganz plötzlich die große Wende in unserem Leben. Und ganz sicher wird er dies am Tag unseres Todes tun, wenn er uns mitnimmt auf die andere Seite zum ewigen Leben mit ihm.

Gott ist auch mit Ihnen nie fertig, und wenn es Ihnen hundert Mal anders vorkommt. Ich bin Menschen begegnet, die furchtbare Verluste erlitten haben – aber als Gott sie und ihre Situation verwandelte, bekamen sie alles zurück. Erinnern Sie sich nur an Hiob ...

Es ist nie zu spät für die Liebe. Als David von Nabals Tod hörte, ist sein erster Gedanke ein großer Dank an Gott, dass der ihn davor bewahrt hat, Nabal im Affekt selbst zu töten. Er wusste, dass er vor einem schrecklichen Ruf bewahrt worden war, der gar nicht gut für seine Führungsrolle als König Israels gewesen wäre.

Sein zweiter Gedanke ist Abigajil. Er hat sie nicht vergessen, die schöne, mutige Frau, die ihn an jenem Tag gerettet und zur Festigung seines künftigen Reiches beigetragen hatte.

Jedes Mal, wenn ich die Geschichte von David und Abigajil lese, denke ich: „Darüber müsste man einen Film drehen!" Es ist solch eine phänomenale Liebesgeschichte. Ich glaube, was David an Abigajil vor allem fesselte, war nicht ihre Schönheit, sondern ihr Charakter und ihre Weisheit. Sein Sohn Salomo hat viele Jahre später diese Wahrheit folgendermaßen in Worte gefasst: „Trügerisch ist Anmut und nichtig die Schönheit; eine Frau aber, die den HERRN fürchtet, die soll man rühmen" (Spr 31,30).

Es ist nie zu spät für einen Neuanfang. David konnte Abigajil nicht nur nicht vergessen, er wollte sie unbedingt als seine Königin haben. Ob dies eher Davids persönlicher Wunsch war oder eine Fügung Gottes für das künftige Königreich Israel oder beides – es erinnert uns an die Möglichkeit des Neuanfangs.

Und David sandte hin und warb um Abigajil, um sie sich zur Frau zu nehmen. (1Sam 25,39)

Und Abigajil? Verliert keine Zeit, setzt sich auf ihren Esel und macht sich zusammen mit fünf Dienerinnen auf den Weg zu David, um seine Frau und eine künftige Königin von Israel zu werden. Es ist vieles, was unausgesprochen bleibt in diesem Bericht. Aber Abigajil erlebte einen Frieden, eine Liebe und einen Neuanfang, die ihre kühnsten Erwartungen überstiegen.

Ist es übertrieben, in Zeiten, in denen wir ganz unten sind, trotzdem zu glauben, dass Gott möglicherweise größere Pläne und eine größere Zukunft für uns hat, als wir zu hoffen wagen? Bei Abigajil waren seine Pläne um einiges größer, als sie sich vorstellen konnte.

Wenn ich an die vielen Menschen denke, die Ähnliches erlebt haben, werde ich immer wieder ermutigt durch die Charakterstärke und durch die Neuanfänge, die sie schließlich erleben durften. Gott ist so treu zu ihnen gewesen wie damals zu Abigajil.

Wir wissen nicht viel mehr über diese faszinierende Frau. Wir wissen, dass sie Davids Frau wurde und ihm, als er König in

Hebron war, einen Sohn schenkte, den sie Kilab („Beherrschung“) nannte.

Danach hören wir nichts mehr von ihr. Ihr historischer Augenblick war kurz und stark. Sie veränderte die Welt, weil sie die richtige Frau am richtigen Ort zum richtigen Zeitpunkt war. Sie hinterließ uns ein leuchtendes Beispiel der Charakterstärke und des Vertrauens.

Ihre Geschichte ist eine Ermutigung für viele, viele Menschen, die in ihrem Leben durch das gleiche Feuer hindurchgehen und zu dem Gott rufen, der Abigajil rettete.

7

Wenn wir es vergeigt haben

Die Geschichte von David

Meine Sünde ist stets vor mir.

Psalm 51,5

Es ist möglich, wieder aufzustehen, wenn wir tief gefallen sind, selbst wenn der Fall hoffnungslos erscheint.

Die Frau, die mir in meinem Büro gegenübersaß, hatte eine faszinierende Geschichte hinter sich. Amanda (nicht ihr wirklicher Name) und ihr Ehemann waren Glieder unserer Gemeinde und besuchten beide mein Seminar für christliche Leiter. Beide nahmen ihren Glauben und das Studium der Heiligen Schrift sehr ernst und hatten eine lebendige und wachsende Beziehung zu Gott.

Im Laufe eines Gespräches erwähnte Amanda auch die Zeit in ihrem Leben, als sie Christus noch nicht gekannt hatte, und sagte beiläufig: „Wissen Sie, ich war eine Prostituierte."

Ich hoffe, dass sie es mir nicht ansah, wie sehr mich ihr Bekenntnis überraschte. Als Pastor höre ich viele Geschichten vom Typ „Früher war ich – aber jetzt bin ich", wo sich die radikalen Veränderungen der Lebensläufe buchstäblich nur mit Gott erklären lassen, aber Amandas Fall führte mir neu vor Augen, was Gott alles kann.

Amanda fuhr fort und erzählte von mehreren Phasen in ihrem Leben (sie nannte sie „dunkle Tunnel"), wo sie versucht hatte, die Leere in ihrem Herzen zu füllen. Schließlich hatte sie zu Gott gesagt: „Ich gebe auf, ich kann das nicht mehr." Und sie setzte ihr Vertrauen auf Jesus und begann zu glauben, dass er sie retten und ihr Leben anders machen konnte. Was er ganz offensichtlich getan hatte.

Amanda betonte, dass die Veränderung ihres Lebens nicht leicht war und nicht über Nacht geschehen war, aber sie ist ein lebendiges Zeugnis der reinigenden, rettenden und verändernden Kraft Gottes. Gott kann tatsächlich Menschen aus den dunklen Tunneln ihrer Sünde und ihres Ungehorsams herausholen.

Die Bibel sagt uns klipp und klar, was Sünde mit uns macht: Sie trennt uns von Gott. Und das passiert bei jeder Art von Sünde, nicht nur bei sexuellen Sünden wie bei David. Die Bibel, die so viel mehr ist als eine Sammlung von Regeln, sagt uns, dass wir, wenn wir uns von unserem Eigenwillen, unseren egoistischen Wünschen und Trieben leiten lassen, keine Gemeinschaft mit Jesus haben können.

In diesem Punkt sind alle Sünden gleich. Es mag sein, dass bestimmte Sünden unangenehmere Folgen für uns haben, aber alle trennen uns von dem Leben, das Gott uns eigentlich geben möchte. Mir ist es immer wieder passiert, dass Gott mich ausdrücklich vor bestimmten sündigen Dingen in meinem Leben warnte, die ich abstellen musste, wenn ich wirklich mit ihm leben wollte – und es war ihm ernst!

Das Buch der Sprüche nimmt kein Blatt vor den Mund, wenn es um das Thema „Sünde und ihre Folgen" geht: „Wer seine Sünden verheimlicht, dem geht es nicht gut. Doch wer sie bekennt und von ihnen lässt, über den erbarmt sich Gott" (Spr 28,13; NeÜ).

Die Wahrheit über die Sünde

König David kannte diese Wahrheit aus eigener Erfahrung. Auf sein Konto geht eine der berühmtesten und niederträchtigsten Ehebruchaffären, die es je gegeben hat. Es ist nicht gerade die Art von Berühmtheit, die man sich wünschen kann, aber Davids Affäre mit Batseba, die sich auf der Höhe seiner Macht zutrug, ist in die Bibel eingegangen und wurde so eine der bekanntesten Sünden in der Geschichte der Menschheit.

Der David, den die Bibel uns zeigt, ist ein Mann der Gegensätze und Überraschungen. Scheinbar aus dem Nichts betritt er die Bühne. Als 15-jähriger Schafhirte wird er von Gott zum künftigen König Israels erwählt und von Samuel gesalbt. Er ist der jüngste Sohn Isais und so ziemlich der unwahrscheinlichste Kandidat für den Thron. Aber er wird über Nacht zum Helden der Nation, als er den Riesen Goliat tötet – eine Tat, die Israel vor der sicheren Niederlage gegen die Philister bewahrt. Danach verbringt er mehrere Jahre auf der Flucht vor König Saul, der eifersüchtig auf seine Popularität und Salbung ist. Als Saul stirbt, wird David der neue König.

David ist beides: mächtig und demütig. Gottes Gesalbter und bescheiden. Weise und töricht.

Seine Rolle als König und seine Begabung als Psalmdichter bedeuten, dass wir mehr über sein Leben und seinen Charakter wissen als über jede andere Person aus dem Alten Testament. Wir erfahren erstaunliche Details über sein Leben und seine Herrschaft. Und über seine Sünden.

Die Bibel stellt David als Mann nach Gottes Herzen dar, und in seinen frühen Jahren war er oft ein vorbildlicher Herrscher. Doch dann kam eine Phase der heimlichen Sünde und Schande. Wir kennen die Geschichte, und sie lässt sich in einem Satz zusammenfassen:

Sünde bringt schneller zu Fall, als man denkt.

Davids moralischer Sturz kam, als er mit der Frau eines israelitischen Soldaten, der gerade an der Front war, schlief, sie von ihm schwanger wurde und er anschließend den Tod ihres Ehemannes in der Schlacht arrangierte, um die Affäre zu vertuschen. Daraufhin schickte Gott ihm den Propheten Nathan, der ihm seine Schuld vorhielt.

Es tut geradezu weh, die Worte zu lesen, mit denen Nathan Davids Sünde aufdeckte. Gott benutzte sie wie ein Skalpell, das einen bösartigen Tumor in Davids Leben freilegte.

Du bist der Mann! (2Sam 12,7)
Denn du, du hast es im Verborgenen getan; ich aber, ich werde dies tun vor ganz Israel und vor der Sonne! (V. 12)

Davids Entscheidung zum Bösen hat ihn abstürzen lassen. Er befindet sich im freien Fall.

Das Sündenbekenntnis ändert alles

Niemand kann Davids Sturz stoppen – außer ihm selbst. Und er tut dies, indem er seine Sünde bekennt.

Ich habe gegen den HERRN gesündigt. (2Sam 12,13a)

Dies ist ein Augenblick der Wahrheit, der Davids rebellischem Wegdriften von Gott Einhalt gebietet. David gibt Gott gegenüber zu, was er getan hat. Mit diesem Schuldbekenntnis beginnt sein Weg zurück zu dem Gott, der vergibt:

Und Nathan sagte zu David: „So hat auch der HERR deine Sünde hinweggetan, du wirst nicht sterben." (V. 13b)

Sünde zerstört. Aber hier ist die Geschichte, die wir alle hören müssen: dass wir *der Sünde den Rücken kehren* können und wir entdecken dürfen, dass Gott mit uns noch nicht fertig ist. Bevor wir uns dieser Geschichte im Detail widmen, müssen wir drei wichtige Dinge festhalten.

Sünde ist immer ein Rückschlag. Das ist unbestreitbar. Sünde kostet. Immer. Du wirst dafür zahlen.

Sünde bleibt nie verborgen. Wir mögen, wie David, denken, dass wir damit davonkommen. Aber sie wird uns einholen.

Sünde ist nicht das Ende. Wir mögen denken, dass nun alles aus ist, aber es gibt einen Weg nach vorne.

Der 51. Psalm ist das Gebet, mit dem David auf die Aufdeckung seiner Sünde reagierte, und es steht für alle Zeiten in der Bibel, damit wir von ihm lernen können. Dieser Psalm ist das Ergebnis, wenn wir die Trauer und das Bedauern eines bußfertigen Herzens in Worte fassen. Es ist ein erstaunlich starker und zugleich verletzlicher Ausdruck vor Gott.

Im 51. Psalm können wir viel darüber lernen, wie wir von der Sünde wegkommen können. In meiner Bibel ist er mit vielen Markierungen versehen, weil ich ihn so oft gelesen habe. Ich möchte Ihnen zeigen, was wir daraus lernen können.

1. Wenn Sie zu Gott zurückkehren, tun Sie es sofort

Sei mir gnädig, Gott, nach deiner Gnade; tilge meine Vergehen nach der Größe deiner Barmherzigkeit! (Ps 51,3)

David sucht den Weg zurück nicht durch einen Priester oder durch Religiosität. Er versucht auch nicht, sich mit der Zahlung einer Strafe von den Folgen der Sünde freizukaufen. Er weiß, dass er sich gegen Gott versündigt hat, und so geht er geradewegs zu ihm, dem Richter *und* dem, der verzeiht. Er appelliert an Gottes Wesen, vor allem an seine Gnade und Barmherzigkeit.

Unsere erste Reaktion, wenn wir gesündigt haben, ist ja normalerweise die, von Gott wegzulaufen. Und genau das machte das erste Menschenpaar im Garten Eden. Sie schämten sich ihrer Nacktheit und versuchten, sich vor dem Gott zu „verstecken", der alles sieht und alles weiß. Aber Gott suchte sie, um sie mit ihrer Sünde zu konfrontieren.

Die meisten von uns wissen sehr wohl, dass wir vor Gott nicht davonlaufen können, und trotzdem versuchen wir es manchmal. Es tut weh, mitzuerleben, wie Freunde, Kollegen oder gute Bekannte in sexuelle Sünde fallen, ohne an Gott, ihre Lieben und ihre Mitmenschen zu denken, und wie anschließend ihr Leben zerfällt. Es ist schmerzlich, mit anzusehen, wie ein Leben durch Sünde oder Kompromisse zerbricht. Es ist aber auf tragische Weise vorhersehbar. Wer sät, wird immer ernten.

David aber läuft nicht vor Gott *weg*, um sich irgendwo zu verstecken; er läuft vielmehr zu Gott *hin* und wirft sich auf die Gnade des Gottes, der vergibt.

Es ist wie bei dem verlorenen Sohn, steht aber im Alten Testament.

Sie kennen vielleicht das Gleichnis vom verlorenen Sohn, das Jesus in Lukas 15 erzählt. Der Sohn lässt sich schon zu Lebzeiten des Vaters sein nicht unbeträchtliches Erbe auszahlen und verprasst es sinnlos. Als er nichts mehr hat und allein im Elend sitzt, kommt er endlich zu sich und geht zurück nach Hause – direkt in die Arme seines Vaters, der ihn die ganze Zeit weiter geliebt und nur auf ihn gewartet hat.

Jesus überrascht, ja, schockiert uns mit diesem Gleichnis. Wir *verstehen* ja den Wunsch des Sohnes, zurück nach Hause zu gehen; wer will das nicht, wenn er keinen Pfennig mehr in der Tasche hat? Und wir können uns gut *identifizieren* mit dem Satz des Rückkehrers: „Mach mich wie einen deiner Tagelöhner!" (Lk 15,19). Es ist ja nur recht und billig, dass der Kerl für seinen Leichtsinn zahlen muss ...

Die große Überraschung in dem Gleichnis sind die offenen, liebenden, vergebenden Arme des Vaters, die den Sohn wieder aufnehmen. Dies ist radikale Liebe. Sie kommt uns unvernünftig vor – aber so liebt Gott uns. Woher ich das weiß? Weil es *Jesus* ist, der diese Geschichte erzählt, und niemand kennt den Vater so gut wie Jesus. Wenn auch Sie Gott davongelaufen sind, sollte dies Musik in den Ohren Ihrer Seele sein.

Diesen Einblick in Gottes Wesen finden wir nicht nur in einem Psalm oder einem Gleichnis. Diese Wahrheit zieht sich wie ein roter Faden durch die ganze Bibel. So schreibt der Apostel Paulus den Christen in Rom: „Oder verachtest du etwa seine große Güte, Nachsicht und Geduld? Begreifst du denn nicht, dass er dich mit seiner Güte zur Umkehr bringen will?" (Röm 2,4; NeÜ).

Dies ist der Gott, den David im 51. Psalm geradezu bestürmt. Er läuft in die Arme des Vaters und bittet ihn um Gnade und Vergebung. Und indem er so zu Gott zurückkehrt, nimmt er gleichzeitig Abstand von seiner Sünde, und genau das ist ja Buße: eine Kehrtwendung um 180 Grad.

Dies ist der erste Schritt auf dem Weg zurück. Egal, wie fern der himmlische Vater zu sein scheint, ich muss zu ihm kommen und an seine Gnade, Barmherzigkeit und Vergebung appellieren. Es ist nur ein Schritt – aber ein riesiger Schritt in die richtige Richtung. Für David war es eine komplette Kehrtwende zurück zu Gott.

Wir können uns vorstellen, was David durch den Kopf ging. Hier war ein König, der schon als 15-jähriger einem riesigen Krieger gegenübergetreten war. Er hatte Löwen und Bären verjagt, die die Schafe, die er für seinen Vater hütete, reißen wollten. Er hatte ganze Armeen mit großem Mut kühn herausgefordert und einen Sieg nach dem anderen errungen.

David war kein Feigling. Aber der Gedanke, vor Gott zu treten, nachdem wir ihn enttäuscht haben, macht uns solche Angst, dass wir diesen Schritt um fast jeden Preis vermeiden wollen. Aber wenn wir von der Sünde frei werden wollen, ist das Wegrennen vor Gott keine Option.

2. Übernehmen Sie die Verantwortung für Ihre Sünde, wenn Sie zu Gott zurückkehren

Sünde hat etwas Verlockendes. Sie belügt uns. Sie gaukelt uns vor, dass alles gut sein wird. Es tut niemandem weh, sagt die Sünde. Keiner wird's merken, tönt die Versuchung. Doch hinterher ist alles viel schlimmer, als wir dachten. David sagt:

> *Denn ich erkenne meine Vergehen, und meine Sünde ist stets vor mir. (Ps 51,5)*

Es war ein volles Jahr nach Davids Sünde, als Nathan ihn damit konfrontierte, und das Kind, das Batseba ihm geboren hatte, starb. In all diesen Monaten hatte David seine Sünde pausenlos vor Augen. Jeder Blick in Batsebas Richtung, jeder vielsagende Blick von Davids Hofbeamten, jeder Bericht über die Entwicklung des Krieges, und seine Tat stand wieder vor ihm, als sei sie gerade erst geschehen. Sein Leben war meilenweit von dem entfernt, was es hätte sein sollen.

In einem anderen Psalm hat David die Auswirkungen der Sünde auf ihn so beschrieben:

> *Denn deine Pfeile sind in mich eingedrungen, und deine Hand hat sich auf mich herabgesenkt. Keine heile Stelle ist an meinem Fleisch wegen deiner Verwünschung, nichts Heiles an meinen Gebeinen wegen meiner Verfehlung. Denn meine Sünden wachsen mir über den Kopf, wie eine schwere Last sind sie zu schwer für mich. ... Ich bin ermattet und ganz zerschlagen, ich schreie aus dem Stöhnen meines Herzens. (Ps 38,3-5.9)*

Wenn Sie in Sünde leben, kennen Sie dieses Gefühl. Und wenn gerade die Versuchung bei Ihnen anklopft, dann sollten Sie diese Verse ein paar Mal lesen und sich überlegen, ob Sie *das* wirklich wollen. Sie beschreiben schonungslos, wie Ihr Leben im Griff der Sünde sein wird. Es wird eine schwere Last sein, und dies gleich dreifach, denn Sünde hat geistliche, psychologische *und* körperliche Folgen.

Sie können sich das nicht vorstellen? Dann erinnern Sie sich an das letzte Mal, als Sie einen Menschen, den Sie liebten und nicht verlieren wollten, verloren haben. Vielleicht weil Sie ihm sehr wehgetan hatten. Vielleicht hatten Sie ihn mit Worten verletzt oder ihn verraten oder sein Vertrauen missbraucht.

Es kann gut sein, dass sich bei diesem Erinnern das flaue Gefühl in der Magengrube wieder einstellt, so, wie Sie es damals hatten. Die Empörung des anderen ist auf einmal wieder da, als sei die Sache gestern erst geschehen, und auch dieses furchtbare Gefühl der Einsamkeit, weil Sie einen Freund verloren haben.

Und jetzt vertausendfachen Sie die Intensität dieser schmerzlichen Erinnerung und stellen Sie sich vor, dass Sie *Gott* verraten haben. Das war Davids Situation.

Der Schmerz, den die Sünde mit sich bringt, hat seinen Sinn: dass wir uns unserer Sünde stellen, sie auf unsere Kappe nehmen. Dass wir Verantwortung dafür übernehmen.

Wir leben in einer Welt, in der immer „die anderen" schuld sind. Wir zeigen mit dem Finger auf den oder das, was uns da in Versuchung geführt hat. Wir fühlen uns als die überrumpelten Opfer. Wir sträuben uns hartnäckig, uns an die eigene Nase zu packen und zu sagen: „Ich bin schuld."

Dieses Schuldverschiebespiel hat noch nie etwas Gutes gebracht. Es ist keine Lösung. Es lenkt vom Kern des Problems ab. Wir versuchen, uns vor unserer Verantwortung zu drücken.

Wann machte sich der verlorene Sohn in dem Gleichnis auf den Weg nach Hause? Als er einsah, wie es um ihn stand und dass er am Ende war. Bei David beginnt die Rückkehr in Gottes Vaterhaus, als er die Verantwortung für seine Sünde übernimmt.

> *Denn ich erkenne meine Vergehen, und meine Sünde ist stets vor mir. Gegen dich, gegen dich allein habe ich gesündigt und getan, was böse ist in deinen Augen; damit du im Recht bist mit deinem Reden, rein erfunden in deinem Richten. (Ps 51,5-6)*

Ich habe es getan, sagt David. *Ich bin der Schuldige.*

Wir wissen nicht genau, wie es zu Davids Sünde kam. War sie das Ergebnis monatelanger Planung oder eines Impulses aus dem Augenblick heraus? Versuchung ist ja noch keine Sünde, aber für David waren das Schauen, das zum Begaffen wurde, und die lüsternen Gedanken unwiderstehlich.

Doch egal, wie impulsiv oder wie geplant, David hatte das, was er über Gut und Böse, Richtig und Falsch wusste, beiseitegeschoben. Er hatte Gott beiseitegeschoben und den Thron seiner eigenen Begierden bestiegen.

Und er hatte gedacht: *Das kann ich mir erlauben.* Und das war der eigentliche Affront gegen Gott.

Es ist schlimm, zu wissen, wer Gott ist, und trotzdem zu sündigen. John Bunyan, der Autor der berühmten *Pilgerreise*, drückt es so aus:

> *Sünde ist eine Verhöhnung der Gerechtigkeit Gottes, eine Missachtung seiner Barmherzigkeit, eine Verspottung seiner Geduld, eine Beleidigung seiner Macht und eine Geringschätzung seiner Liebe.*

Nach seiner Sünde war David kaum noch zu erkennen als „Mann nach dem Herzen Gottes". Wenn Sie sich von der Sünde fortreißen lassen, wird auch Ihr Leben nicht wiederzuerkennen sein.

Aber Gottes Gnade ist immer noch da, und in die Hände dieser Gnade legte David seine Zukunft.

3. Wenn Sie zu Gott zurückkehren, setzen Sie auf seine Gnade

Sie suchen eine gute Nachricht zu diesem Thema? Sie haben sie gefunden. Gott vergibt Sünde! Das ist eine tolle Botschaft für Könige, für verlorene Söhne und für alle anderen. Wir alle sind ja Sünder, die dringend die Vergebung eines gnädigen Gottes brauchen. David richtet seinen Blick fest auf die Vergebung und Freude, die Gott ihm anbot:

> *Entsündige mich mit Ysop, und ich werde rein sein; wasche mich, und ich werde weißer sein als Schnee. ... Verbirg dein Angesicht vor meinen Sünden, und tilge alle meine Schuld! ... Lass mir wiederkehren die Freude deines Heils ... (Ps 51,9.11.14)*

Amanda, die ich am Anfang dieses Kapitels erwähnte, sagt über den 51. Psalm: „Das ist für mich sehr real." Diese gewaltige Möglichkeit, die hier angeboten wird, hat immer wieder Menschenherzen gepackt. Ist das wirklich möglich? Kann Gott mich tatsächlich rein machen? Die Antwort könnte deutlicher nicht sein: Ja. Ja, es ist wahr, und Gott wird das tun.

Es ist wie der Sonnenaufgang nach einer langen Nacht der Angst und des Schmerzes. Es ist wie die Ruhe nach einem heftigen Sturm.

Die Freiheit, die Amanda durch Gottes Vergebung erhielt, gab ihr ein völlig neues Leben. Als der 51. Psalm und Gottes Vergebung Realitäten für sie wurden, konnte sie ihre Vergangenheit hinter sich lassen und endlich leben – leben aus der Vergebung und Reinigung, die nur Gott ihr geben konnte.

Davids Gebet enthält mehrere Aussagen, die uns zeigen, was Vergebung ist. Vergebung bedeutet nicht einfach, dass mir meine Sünden oder ihre Folgen leidtun, und schon gar nicht, dass es mir peinlich ist, dass sie ans Licht gekommen sind. Vergebung ist auch nicht der fromme Wunsch, dass Gott die Sache irgendwie vergisst.

Nein, Vergebung, das ist diese besondere Handlung, dass ein heiliger Gott die Sünden wegräumt.

Entsündige mich mit Ysop, *und ich werde rein sein. (Ps 51,9a)*

Wasche mich, *und ich werde weißer sein als Schnee. (V. 9b)*

Verbirg dein Angesicht vor meinen Sünden, und tilge alle meine Schuld! *(V. 11)*

Erschaffe mir, Gott, ein reines Herz, und erneuere in mir einen festen Geist! *(V. 12)*

Sehen Sie, wer hier jeweils der Handelnde ist? Es ist immer Gott!

David glaubt und vertraut darauf, dass *Gott* so handeln wird, wie nur er es kann, damit Davids Verhältnis zu ihm wiederhergestellt wird.

In diesem Gebet erlebt David den Übergang von dem Zustand des Getrenntseins von Gott zu der Wiederherstellung der Beziehung zu ihm, wobei die Freude über die Vergebung noch größer ist als vorher der Schmerz über die Sünde.

Nicht, dass Davids Sünde keine Folgen gehabt hätte. Obwohl er Buße getan hatte, verlor er den Sohn, den Batseba ihm geboren hatte. Das ist eine Geschichte für sich, aber selbst der Schmerz, den die Folgen unserer Sünden uns bringen, kann geheilt werden durch das Wissen, dass wir unter Gottes Erbarmen und Gnade stehen. Gottes Vergebung gibt uns die Kraft, ihm auch die Heilung der Wunden zuzutrauen.

Ja, Gott hat David wieder in seine Gnade und Gemeinschaft aufgenommen, und ja, er hat ihm den Thron gelassen. Es will schier nicht in unsere Köpfe hinein, wie umfassend Gottes Vergebung und Heilung ist.

Gottes Liebe ist radikal und kontrovers. Manchen Stimmen geht Gottes Gnade zu weit, als er David auch sein Königtum zurückgibt, aber das gehört zum Geheimnis und der unergründlichen Tiefe der Gnade. In dem Gleichnis vom verlorenen Sohn ist der ältere Bruder wütend über die Rehabilitierung seines eigensinnigen Bruders – aber so ist Gottes Vergebung. Unserem Verstand leuchtet sie nicht immer ein, aber sie ist immer gut. Ich bin so dankbar dafür.

Die Geschichte von Gottes Vergebung für David ist, wie alles in der Bibel, letztlich ein Wegweiser auf das große Opfer, das für die Vergebung der Sünden der Menschheit gebracht wurde.

Die Vergebung, die David erfährt, ist ein Bild für die Vergebung, die Jesus allen gewährt, die an ihn glauben.

Jesus kam aus dem Stamm Juda und war ein Nachkomme Davids, als er in die Welt kam, um ihr Gottes Gnade und die Vergebung der Sünden zu bringen. Als er am Kreuz starb, war dies der große Sühneakt des heiligen Gottes, um unsere Sünden wegzunehmen. In Jesus allein finden wir Vergebung.

4. Wenn Sie zu Gott zurückkehren, seien Sie demütig

Am Ende seines Gebetes sagt David noch etwas, das uns tief in sein Herz blicken lässt. Es kann auch auf unser Herz zutreffen.

> *Denn du hast kein Gefallen am Schlachtopfer, sonst gäbe ich es; Brandopfer gefällt dir nicht. Die Opfer Gottes sind ein zerbrochener Geist; ein zerbrochenes und zerschlagenes Herz wirst du, Gott, nicht verachten. (Ps 51,18-19)*

Der 51. Psalm ist eine Einladung – ein Aufruf, zu Gott zurückzukehren, so wie David dies tat.

Auch Amanda kam zu Gott, und ihre Geschichte ist eine einzige Erinnerung an Gottes große Barmherzigkeit und Gnade. Sie sagt es jedem, der es hören will: Gott kann uns neu machen.

Also: Kommen Sie – mit Ihrer Sünde und Ihrem zerbrochenen Herzen – und Sie können zu Gott zurückkehren.

Reihen Sie sich ein in die lange Schlange der Könige und verlorenen Söhne und Töchter und allen anderen, die es gelernt haben, ihre Sünden ehrlich zu bekennen und Gottes Gnade und Vergebung in Demut anzunehmen. Staunen Sie zusammen mit den anderen, wenn Sie sehen, wie Gott Beziehungen, Freundschaften und Umstände so verändert und heilt, dass sie ihm Ehre und nicht Schande machen.

Jedes Mal, wenn ich als Pastor das Abendmahl leite, erinnere ich meine Gemeinde mit einem Bibelvers an das unvergessliche Geschenk, das Gott jedem von uns anbietet: „Wenn wir unsere Sünden bekennen, ist er treu und gerecht, dass er uns die Sünden vergibt und uns reinigt von jeder Ungerechtigkeit“ (1Jo 1,9).

Manchmal sage ich ihnen, dass sie sich beeilen sollen, zum Gnadenthron zu kommen und sich dort reinigen zu lassen. Das Leben ist zu kurz und zu kostbar, um es ohne den Gott zu leben, der uns liebt.

8

Wenn Gottes Wege alles andere als perfekt zu sein scheinen

Die Geschichte von Petrus

Simon, Sohn des Johannes, liebst du mich?

Johannes 21,17

Petrus ist der vielleicht transparenteste der zwölf Jünger Jesu. Da so viel von seiner Geschichte in der Bibel aufgezeichnet ist, bekommen wir Einblicke in seine inneren Kämpfe, wie wir sie von keinem der anderen Jünger haben.

Fast jeder kann sich irgendwo mit Petrus identifizieren. Er hat die höchsten Höhen und tiefsten Tiefen erlebt. Er war als Jünger Jesu gleichzeitig Vorbild und Versager. Er sprach für Jesus und gegen ihn. Jesus liebte ihn und tadelte ihn.

Wenn wir das Leben des Petrus als Grafik darstellen würden, die die Abfolge seiner besten und seiner schlimmsten Momente zeigt, würden wir mit Sicherheit irgendwo einen Punkt finden, wo wir uns voll mit ihm identifizieren können. Nur wenige Menschen haben innerhalb eines ähnlichen Zeitraums einen brillanteren und gleichzeitig einen unbesonneneren Auftritt hingelegt als Petrus.

Nur Monate nach dem gewaltigen Erlebnis auf dem Berg der Verklärung, wo Petrus und zwei andere Jünger die Verklärung Jesu und das Erscheinen von Mose und Elia erlebten, fällt Petrus in das tiefste Loch seines Lebens.

Als Jesus nach dem letzten Passahmahl seinen Jüngern erklärt: „Ihr werdet mich alle verlassen“ (Mk 14,27; NeÜ), erwidert Petrus selbstbewusst: „Und wenn alle dich im Stich lassen – ich niemals!“ (V. 29; NeÜ).

Das, was danach geschieht, schildert das Matthäusevangelium am detailliertesten. Kurz nach Petrus’ selbstsicherer Loyalitätserklärung wird Jesus, der von Judas verraten worden ist, verhaftet und vor den Hohen Rat geführt; er ist auf dem Weg ans Kreuz. Die Jünger sind davongelaufen – bis auf Petrus, der seinem Herrn treu bleiben will. Die surreal wirkende Szene, die sich ihm bietet, zieht ihn magnetisch an. Waren alle seine Hoffnungen und

Träume etwa umsonst? *So* hatte er sich die Zukunft mit Jesus nicht vorgestellt.

Er wird Zeuge, wie der Hass und die Anklagen gegen Jesus sich steigern, bis der Hohe Priester sein Obergewand zerreißt und Jesus als Gotteslästerer bezeichnet, woraufhin die Umstehenden zum Mob werden, der Jesus schlägt und anspuckt. Petrus weiß nicht mehr, was er machen soll; er ist voller Angst, Verwirrung – und er ist desillusioniert.

Dreimal während dieser aufgeheizten Szene wird Petrus von anderen Menschen in dem Innenhof des hohepriesterlichen Palastes angesprochen: Bist du nicht auch einer von diesen Jesus-Leuten? Dreimal dementiert Petrus heftig. Dass er Jesus felsenfest geschworen hatte, ihn niemals zu verlassen, ist vergessen.

Nach der dritten Verleugnung erinnert Petrus sich plötzlich an das, was Jesus ihm gesagt hatte:

> *„Ehe der Hahn kräht, wirst du mich dreimal verleugnen." Und er [Petrus] ging hinaus und weinte bitterlich. (Mt 26,75)*

Da haben wir es, die ganze Welt kann es sehen: Petrus hat Jesus verleugnet.

Hier müssen wir noch ein Detail erwähnen, das nur Lukas berichtet und das gerne überlesen wird:

> *Und der Herr wandte sich um und blickte Petrus an. (Lk 22,61)*

Können Sie sich vorstellen, wie das war?

Wenn das Leben nicht so ist, wie wir gedacht hatten

Bevor wir Petrus als Feigling verurteilen, sollten wir innehalten und uns überlegen, wie häufig wir im Grunde dasselbe tun wie er. Es lohnt sich, einmal darüber nachzudenken, wie oft wir schon in einer ähnlichen Situation waren wie Petrus.

Wie sieht diese Situation aus? Unser Glaube ist erschüttert, weil Gott nicht das tut, was wir erwartet haben. Wir erleben es, wie das Böse über das Gute triumphiert; es sieht ganz so aus, als ob die Ungerechtigkeit das letzte Wort hat. Wir versuchen tapfer weiter zu glauben und zu beten, aber es scheint nichts zu bringen. Wir glaubten, Gottes Willen zu kennen, und haben entsprechend geplant, und jetzt haben die Pläne sich zerschlagen und der Himmel schweigt. Die Ehe oder Familie, die wir als Gottes Führung sahen, hat uns tief enttäuscht. Oder ein Mensch, auf den wir bauten, ist tief gefallen, und unser Vertrauen ist dahin.

Und dann geben wir in unserer Not und Enttäuschung Gott die Schuld. Wo war er, als das Unglück passierte? Warum hat er es zugelassen? Er verhält sich nicht so, wie wir das von einem anständigen Gott erwartet hatten. Und dabei hatten wir ihm unser Leben anvertraut! Dies ist eine Glaubenskrise wie kaum eine andere: Gott tut nicht das, was er doch eindeutig tun *kann*, ja manchmal tut er nicht das, was er (wie wir meinen) eindeutig zugesagt hat. Wir verstehen die Welt nicht mehr.

Haben Sie sich schon einmal so gefühlt? Dann sind Sie nicht weit entfernt von dem Petrus, der seinen Herrn verleugnete. Wenn solche Gedanken die Oberhand gewinnen, schleicht sich die große Desillusionierung in unsere Seelen ein, und unser Glaube beginnt zu wackeln.

Wir sagen vielleicht nie laut: „Ich kenne diesen Menschen nicht“, aber wir verhalten uns so. Wir hören auf, uns klar und deutlich mit Jesus zu identifizieren. Und wir spüren, wie er uns anblickt.

Meine Frau Kim und ich haben das persönlich erlebt. Vor Jahren beschlossen meine Eltern, für den Rest ihres Lebens in die Region Dallas / Fort Worth zu ziehen, wo wir wohnten. Sie hatten jahrzehntelang im Westen der USA gewohnt, wo sie mehrere Gemeinden betreuten – weit von uns entfernt, sodass Besuche selten waren. Es war der große Traum und das Gebetsanliegen meiner Mutter, im Alter in der Nähe ihrer Kinder und Enkel wohnen zu können. Und auch wir beteten dafür.

In den Jahren vor dem Umzug hatte meine Mutter mit einer Krebserkrankung gekämpft, doch dann ging es ihr besser und die Umzugspläne wurden konkret. Unsere Kinder konnten es kaum erwarten, dass Oma und Opa endlich in ihrer Nähe wohnen würden. Es fand sich ein Haus, das keine zwei Kilometer von unserem entfernt war, und 15 Jahre Planen und Beten kamen endlich an ihr Ziel. Wie schön das wäre, die Zukunft gemeinsam verbringen zu können ...

Doch zwei Wochen nach dem Umzug meldete der Krebs sich zurück. Meine Mutter kam ins Krankenhaus. Die Diagnose war schockierend: Der Krebs war dabei, den ganzen Körper meiner Mutter zu zerstören. Bald danach starb sie, trotz unserer Träume, trotz unserer Gebete, die Gott doch scheinbar erhört hatte. Sie war ihrem Altersparadies so nahe gewesen und konnte es nun nicht mehr erleben.

Es war eine dunkle Zeit für uns, eine Zeit der Enttäuschungen und geplatzten Träume. Wie war das möglich? Wie konnte Gott es zulassen, dass die Hoffnungen und Gebete dieser so selbstlosen und tiefgläubigen Frau sich so brutal in nichts auflösten? Wie konnte er unseren Kindern diese furchtbare Enttäuschung zumuten?

Ja, wir kannten all die „richtigen“ geistlichen und biblischen Antworten, aber in dieser Situation halfen sie uns nicht. Wir wussten auch, dass es noch andere Menschen gab, deren Lebensträume zerbrochen waren; wir waren ja nicht die Einzigen, die solch einen überwältigenden Verlust erlebten.

Aber diesmal waren es nicht die anderen, sondern wir. *Unser* Glaube kam ins Wanken, und es wurde zur Schwerstarbeit für uns, Gott zu vertrauen. Wir hatten geglaubt, uns mit Gott auszukennen – und jetzt das!

Seit Jahren stand auf einem Regal in unserer Küche ein kleiner Holzklotz, auf den Kim einen ihrer Lieblingsverse aus der Bibel geschrieben hatte. Es war Psalm 18,31: „Gottes Weg ist vollkommen“ (ZÜ).

Jetzt nahm sie in ihrem tiefen Schmerz den Klotz von dem Regal und warf ihn in den Mülleimer. Gottes Weg erschien ihr gar nicht mehr vollkommen.

Wie findet man aus solchen Situationen wieder zurück zu Gott? Wie fand Petrus zurück?

Der Weg zurück ist Jesus

Die Antwort auf die Frage: „Wie komme ich aus so einem Loch wieder heraus?“ lautet: „Aus eigener Kraft definitiv nicht. Wir brauchen jemanden, der uns herauszieht.“ Und dieser Jemand ist Jesus.

Im letzten Kapitel des Johannesevangeliums finden wir ein hochinteressantes Gespräch zwischen Jesus und Petrus. Der Ort: ein Lagerfeuer am Ufer des Sees Genezareth.

Es ist eine in vieler Hinsicht interessante Szene. Jesus war am Kreuz gestorben, aber am dritten Tag auf wundersame Weise auferstanden. Er ist den Jüngern, einschließlich Petrus, erschienen, ja Petrus war einer der Ersten, die das leere Grab sahen. Man sollte meinen, dass Petrus auf Wolke Sieben war; es wäre nur plausibel.

Aber er ist nicht auf Wolke Sieben. Normalerweise der Erste unter den Jüngern und immer vorneweg, bleibt Petrus in den Berichten über die kurze Zeit zwischen Auferstehung und Pfingsten merkwürdig still. Gut, er wird überwältigt gewesen sein von all dem, was da geschehen war, aber da war noch mehr. Er hat ein ganz bestimmtes Problem, und wir wissen dies durch jenes Gespräch mit Jesus, das in Johannes 21 aufgezeichnet ist.

Acht Tage nach seiner Auferstehung ist Jesus den Jüngern erschienen, und er wird sich ihnen an Pfingsten wieder offenbaren, aber das weiß Petrus noch nicht. Es ist alles anders als vor der Kreuzigung – spannend, aber gleichzeitig irgendwie ungewiss. Jesus ist nicht mehr jeden Tag körperlich anwesend. Gut, er lebt, aber wie wird alles weitergehen? Es ist alles etwas nebulös, und die Jünger wissen nicht, was sie denken und wie sie sich verhalten sollen. Und so tun sie das Naheliegende und kehren zurück in ihren alten Beruf.

Petrus und sechs andere Jünger sind am See Genezareth beisammen, und Petrus sagt: „Ich gehe fischen" (Joh 21,3; NeÜ). Die anderen kommen mit.

Die Formulierung von Petrus' Satz im Urtext deutet auf mehr hin als eine einmalige Ausfahrt auf den See. Sie bedeutet eher: *Ich werde jetzt wieder ein Fischer. Ich mache wieder das, was ich gelernt habe.*

Aber am Ende der Nacht haben diese erfahrenen Fischer nichts gefangen. Ich selbst bin kein Fischer, aber ich weiß, dass es zum Fischen viel Geduld braucht. Da sitzt einer stundenlang in der Nacht, sagt kein Wort und wartet darauf, dass der erste Fisch ins Netz geht.

Aber als der Morgen kommt, geschieht etwas, das für Petrus und die anderen Jünger alles anders macht.

Stellen Sie sich einen Augenblick vor, Sie haben sich den Jüngern in dem Fischerboot angeschlossen. Hinter Ihnen liegen Ereignisse, die Sie nicht recht einordnen können, und Sie fragen sich, was die Zukunft bringen wird. Und jetzt sind Sie die ganze Nacht aufgeblieben und Ihrem alten Beruf nachgegangen, aber es hat nichts gebracht.

Nun schauen Sie zum Seeufer, vielleicht hundert Meter entfernt, und Sie sehen das, was die Jünger sehen – einen Mann, der dasteht und Sie ruft.

In seinem Gespräch mit den Jüngern holt Jesus sie alle (vor allem aber Petrus) heraus aus dem Loch der Frustration und Verunsicherung.

Was Jesus gleich für Petrus tun wird, kann er für jeden von uns tun. Er kann uns helfen, die zerbrochenen Puzzles unserer Träume und Erwartungen wieder zusammenzusetzen. Er kann uns zeigen, dass die Hoffnungen, an denen wir uns festgehalten hatten, keinesfalls so leer sind, wie es vorübergehend schien. Er kann uns helfen, ihm wieder zu vertrauen, zu glauben, dass er noch *nicht* mit uns fertig ist und uns *nicht* abgeschrieben hat, um aufzustehen und den Weg mit ihm fortzusetzen.

Wieder wissen, wer ich bin

„Kinder, habt ihr vielleicht etwas zu essen dabei?“, rief er ihnen zu (Joh 21,5; NeÜ).

Ich liebe es, wie Jesus die Jünger hier anspricht. Er nennt sie „Kinder“. Es ist ein Ausdruck der Freundschaft und Familienzugehörigkeit. So nenne ich seit Jahrzehnten meine eigene Familie. „Kinder“, das besagt: *Ihr gehört zu mir. Wir sind eine Familie.*

Ich weiß noch, wie ich mich einmal als Teenager in ein großes Problem hineinmanövriert hatte und wie dann mein Vater mir sagte: „Setz dich, Junge, und hör gut zu. Du bist nicht allein. Das stehen wir gemeinsam durch. Wir kriegen das hin.“ In diesem Augenblick wusste ich wieder, wer ich war: Papas Sohn. Es war genau das, was ich brauchte.

Jesus hätte die Jünger auch anders nennen können. Er hätte sie mit ihren Namen anrufen können. Oder auch so: *Männer, habt ihr etwas gefangen?* Aber er nennt sie „Kinder.“

Und sie hörten das; schließlich antworteten sie ja auf seinen Ruf. Aber sie merken natürlich noch nicht, dass es Jesus ist. Es ist einer jener unwirklichen Augenblicke, wo jemand uns so anspricht, wie das nur *eine* Person tun kann, und es weckt hundert Erinnerungen in uns – aber wir merken noch nicht, wer dieser Jemand ist.

Ein paar Tage vor seiner Kreuzigung, bei dem letzten Passahmahl mit seinen Jüngern, wo Petrus ihm die Treue schwor, hatte Jesus zu den Jüngern gesagt: „Ich bin nicht mehr lange bei euch, meine Kinder. Ihr werdet mich suchen ... Da, wo ich hingehe, könnt ihr nicht mitkommen“ (Joh 13,33; NeÜ).

Und jetzt, nach seiner restlosen Desillusionierung und seiner beschämenden Verleugnung Jesu, hört Petrus das Wort wieder: „Kinder."

Bald wird Petrus das erfahren, was auch wir wissen können: dass die Beziehung zu Jesus, die wir bekommen haben, voller Gnade ist. Sie ist von der ersten Minute an unverdient, und all unser Versagen kann sie nicht beenden. Petrus ist immer noch das, was er war, bevor er Jesus verleugnete: ein Freund von Jesus. Was für eine Gnade!

Der Apostel Paulus hat später immer wieder betont, dass wir Gottes Kinder sind:

> *Der Geist, den ihr empfangen habt, macht euch ja nicht wieder zu Sklaven, sodass ihr wie früher in Furcht leben müsstet. Nein, ihr habt den Geist empfangen, der euch zu Kindern Gottes macht, den Geist, in dem wir „Abba! Vater" zu Gott sagen. So macht sein Geist uns im Innersten gewiss, dass wir Kinder Gottes sind. Wenn wir aber Kinder sind, dann sind wir auch Erben, Erben Gottes und Miterben mit Christus. (Röm 8,15-17; NeÜ)*

> *Werdet also Nachahmer Gottes – ihr seid doch seine geliebten Kinder. (Eph 5,1; NeÜ)*

Und Johannes, der an jenem Tag mit Petrus in dem Boot war, wusste es auch:

> *Doch denen, die ihn aufnahmen, verlieh er das Recht, Kinder Gottes zu sein. – Das sind die, die an seinen Namen glauben. (Joh 1,12; NeÜ)*

Vielleicht ist Ihnen, wie damals den Jüngern, noch nicht klar, dass Jesus Sie so anspricht, aber genau das tut er. Er möchte Sie daran erinnern, wer Sie sind: sein Kind, ein Teil seiner Familie, ein Kind Gottes. Und wenn Sie hundertmal am Ende gewesen sind mit Ihrem Glauben und ein zerbrochenes Herz haben – Sie sind nach wie vor sein Kind.

Ich bin nur ein irdischer Vater von sechs Kindern, aber ich kann mir kein Szenario vorstellen, wo eines von ihnen nicht mehr mein Kind wäre. Wie viel weniger wird unser guter himmlischer Vater aufhören, uns seine Kinder zu nennen!

Wieder lernen, Jesus zu vertrauen

Dort an dem Seeufer half Jesus seinen Jüngern auf die Sprünge, ihm wieder zu vertrauen:

> *„Werft das Netz auf der rechten Seite des Bootes aus!", forderte er sie auf. ... Das taten sie. (Joh 21,6; NeÜ)*

Es erstaunt mich, wie erfahrene Fischer den Rat eines Fremden, der da am Ufer stand (denn sie hatten ihn ja noch nicht richtig erkannt), so ohne Weiteres befolgten, aber hier geschah etwas Mächtiges.

Mit seiner Aufforderung führte Jesus die Jünger zurück an den Anfang ihrer Beziehung zu ihm – zu dem Tag, wo er sie das erste Mal aufgefordert hatte, ihm zu vertrauen. Im 5. Kapitel seines Evangeliums berichtet Lukas, wie Jesus am See Genezareth predigte und diese Fischer ihm zuhörten und wie er sie plötzlich anwies, hinaus auf den See zu fahren und ihre Netze auszuwerfen. Simon Petrus reagierte, indem er sagte:

Meister, wir haben uns die ganze Nacht hindurch bemüht und nichts gefangen, aber auf dein Wort will ich die Netze hinablassen. (Lk 5,5)

Woraufhin sie so viele Fische fingen, dass die Netze anfingen zu reißen. Es war der Fang ihres Lebens. Und eine Lektion, die sie nie vergaßen. Lukas berichtet, dass sie anschließend alles stehen und liegen ließen und Jesus nachfolgten.

Und jetzt, nach der Auferstehung, tut Jesus das Gleiche noch einmal. *Vertraut mir wieder,* sagt er den Jüngern. Und sie hören, sie glauben und wieder machen sie solch einen Fang, dass sie ihn kaum an Bord bekommen.

Dies ist der Augenblick, wo Johannes zu Petrus sagt: „Es ist der Herr!" (Joh 21,7). Und dann fällt es den Jüngern wie Schuppen von den Augen. Die Ängste, die sie bei dem Tod Jesu erlebt hatten, haben sie zweifeln lassen, und jetzt werden sie daran erinnert, dass sie ja jeden Grund haben, wieder zu glauben. Jesus steht vor ihnen!

Petrus verleugnete Jesus, weil er seinen Ängsten nachgegeben hatte. Auch wir haben Ängste, die uns beherrschen und unseren Glauben an Christus bedrohen.

Ich habe Angst, mein Leben nicht mehr selbst bestimmen zu können.

Ich habe Angst, dass etwas schiefgeht, wenn ich Gott vertraue.

Ich habe Angst davor, was die Leute sagen werden, wenn ich Jesus nachfolge.

Ich habe Angst davor, nichts mehr vom Leben zu haben, wenn ich mit Gott gehe.

Ich habe Angst, dass mir etwas Schlimmes passiert, das ich nicht verstehen kann.

Ich habe Angst, dass das, was ich über Gott und die Bibel glaube, sich als falsch herausstellen könnte.

Ich habe Angst, dass ich das, was ich da anfange, nicht zu Ende bringen werde.

Ich habe Angst davor, einer Versuchung zu erliegen.

Ich habe Angst, dass die Leute meine Schwächen und Fehler entdecken werden.

Ich habe Angst, dass ich so versage, dass Gott mir nicht mehr vergibt.

Jesus benutzte ein einfaches Beispiel aus der Welt der Fischer, um seinen Jüngern zu zeigen, dass sie ihm wieder vertrauen konnten. Er erinnert uns ständig daran, dass man ihm in allen Dingen vertrauen kann, aber wir lernen das nur, indem wir gehorchen. Wie war das noch, als das Boot der Jünger in einem heftigen Sturm in Seenot geriet? Jesus sagte zu ihnen: „‚Was seid ihr furchtsam, Kleingläubige?' Dann stand er auf und bedrohte die Winde und den See; und es entstand eine große Stille" (Mt 8,26). Oder der Augenblick auf dem Berg mit den 5000 hungrigen Männern, als Jesus denselben Jüngern sagte: „Gebt *ihr* ihnen zu essen!" (Mt 14,16). Worauf er ihnen zeigte, wie er das meinte, als er die fünf Brote und die beiden Fische, die sie ihm brachten, so segnete, wie nur er das tun kann, und alle satt wurden.

Vertraut mir genug, um mir zu gehorchen, sagt Jesus uns.

Jesus kennt sich besser mit dem Fischen aus als die Jünger. Er kennt sich besser mit Beziehungen aus als wir. Er kennt sich besser aus mit der Ehe, der Kindererziehung, dem Geschäftsleben, Freundschaften und dem Leben überhaupt als wir. Ja wichtiger noch: Er kennt *uns* besser, als wir das tun. Lernen Sie es neu, ihm zu vertrauen.

Als meine mittlere Tochter ein Teenager war, besuchte ich in einem Sommer zusammen mit ihr ein Vater-Tochter-Camp in den Shasta Mountains in Kalifornien. Es waren wunderbare Tage.

Eines Tages, als unsere Gruppe gerade über ausgedehnte grüne Bergwiesen ritt, sah ich auf einmal, wie der Sattel meiner Tochter zur Seite rutschte. Da fiel sie auch schon vom Pferd. Zuerst bekam ich einen Schrecken, denn wir waren ziemlich schnell unterwegs, aber dann sah ich, dass meinem Mädchen Gott sei Dank nichts passiert war.

Der Mann, der die Gruppe anführte, sagte ihr: „Steig sofort wieder auf dein Pferd, sonst hast du für den Rest deines Lebens Angst vor dem Reiten." Es war ein kluger Rat, und wir befolgten ihn. Wir befestigten den Sattel wieder, und dann half ich meiner Tochter auf das Pferd und wir ritten weiter. Es war ein wunderbarer Tag, an den wir uns heute noch erinnern, und meine Tochter hat es nie bereut, dass sie sofort wieder auf das Pferd gestiegen ist.

Manchmal müssen wir einfach zurück in den Sattel und neu vertrauen.

Die Liebe zu Jesus wieder entdecken

Ein merkwürdiges Detail in der Szene am Ufer des Sees Genezareth ist, dass Petrus plötzlich aus dem Boot ins Wasser springt, als er merkt, dass der Mann am Ufer Jesus ist. Der erste Eindruck des Lesers ist: „Typisch Petrus" – immer impulsiv, wie wir ihn aus den Evangelien nun mal kennen. Aber je mehr ich diese Szene auf mich wirken lasse, umso deutlicher erkenne ich, dass Petrus nicht einfach impulsiv oder ungeduldig ist, sondern überwältigt von all dem, was Jesus gerade getan hat, um ihn (Petrus) zurückzuholen – zurück aus Desillusionierung, Verleugnung und Entfremdung. Jesus ist in die Bresche getreten, und das weiß Petrus.

Jesus erinnert die Jünger greifbar daran, wie es war, als sie anfingen, ihn zu lieben und ihm nachzufolgen. Er erinnert sie daran, dass er sie damals „Kinder" nannte, indem er sie erneut als „Kinder" anruft. Er erinnert sie daran, dass er nach wie vor der Herr über Wind, Wellen und Wasser ist. Er hat ihnen so viel beigebracht auf diesen kleinen Booten in den drei Jahren, wo sie mit ihm gingen, und jetzt erinnert er sie daran.

Als Petrus all das aufgeht – dass Jesus immer noch derselbe ist und dass er ihn nach wie vor einlädt, ihm nachzufolgen –, kann er keinen Augenblick mehr warten diesem Ruf zu folgen, und so springt er in das Wasser, um als Erster bei Jesus zu sein.

Was für ein Augenblick! Es ist der Augenblick, der zu jenem Gespräch führt, das Jesus ganz allein mit Petrus hat.

Simon, Sohn des Johannes, liebst du mich mehr als diese? ...
Weide meine Lämmer! (Joh 21,15)

Liebst du mich mehr, als du deine Boote und deinen Fischereiberuf liebst? Liebst du mich mehr als deine Freunde? Liebst du mich mehr als deine Komfortzone und deine Sicherheit und das, was dir lieb und gewohnt ist? Liebst du mich mehr?

Es sind zahllose Predigten über diese Worte gehalten worden, die jedem Detail in ihnen nachgehen. Aber passen wir auf, dass wir nicht vor lauter Bäumen den Wald nicht mehr sehen. *Warum* beginnt Jesus denn dieses Gespräch mit Petrus?

Petrus, kannst du lernen, mich wieder zu lieben?

Ich glaube, dass Petrus mittlerweile aufgegangen war, wie sehr Jesus *ihn* liebte – dass er Jesu Definition von Liebe, die wir in Johannes 15,13 finden, in Aktion erlebt hatte:

Größere Liebe hat niemand als die, dass er sein Leben hingibt für seine Freunde.

Petrus war Zeuge davon geworden. Es konnte keinen Zweifel an der Liebe Jesu geben. Es wird uns so viel leichter, Jesus zu lieben, wenn wir erkennen, wie sehr *er uns* geliebt hat.

Was letztlich zählt, sind nicht unsere Erwartungen, was Jesus mit unserem Leben oder mit seiner Ehre und Herrlichkeit machen wird, sondern allein seine Liebe zu uns und unsere Liebe zu ihm. Er hat es nicht nötig, dass wir ihm Ratschläge erteilen oder ihn verteidigen. Er will, dass wir ihm einfach nachfolgen. Wir sollen lernen, ihm aus Liebe zu folgen, wo immer er uns hinführt.

Es gibt Stunden, wo Jesus uns einlädt, ganz allein mit ihm zu sein. Wenn wir spüren, dass Gott wirkt, wenn nur noch zwei Personen zugegen zu sein scheinen – wir und unser Herr. Dies sind heilige Augenblicke, in denen Gottes unvergleichliche Liebe eine greifbare Realität wird.

Gönnen Sie sich solche Stunden? Ich bitte Sie eindringlich, sie nicht auszuschlagen. Wir brauchen diese Augenblicke allein mit Gott. Sie können anstrengend sein, aber es liegt eine tiefe Kraft in ihnen.

Was meinen Sie: Hat Petrus geweint dort am Ufer des Sees Genezareth? Ich glaube, ja. Er hatte bitterlich geweint, als ihm aufging, dass er gerade Jesus verleugnet hatte, und ich glaube, dort am Seeufer bei Jesus weinte er wieder – aber diesmal vor Dankbarkeit für die ungeheure Gnade und Liebe und Annahme, die er an diesem Morgen erfahren hatte.

Am Ende ruft Jesus Petrus zurück zum Anfang.

Folge mir nach! (Joh 21,19)

Will sagen: *Folge mir bis ans Ende.*

Etwa ein Jahr nach dem tragischen Tod meiner Mutter fand Kim irgendwo einen anderen Holzklotz – er sah fast so aus wie der, den sie weggeworfen hatte – und schrieb, mit zitterndem Glauben, denselben Bibelvers darauf:

Gottes Weg ist vollkommen. (Ps 18,31; ZÜ)

Er steht heute noch auf ihrer Kommode, und mit Gottes Gnade wollen Kim und ich uns für den Rest unseres Lebens an diese Wahrheit halten.

Und Sie können das auch tun.

9

Wenn Gott uns durch das Tal des Todes führt

Hiskias Geschichte

In jenen Tagen wurde Hiskia todkrank.

2. Könige 20,1

Meine Frau und ich saßen am Tisch, uns gegenüber die „Busenfreundinnen". Die vier Frauen waren Freundinnen aus unserer Gemeinde, und Teile ihrer Geschichten hatte ich im Laufe der Jahre schon mehrfach gehört. Ich wusste, dass sie regelmäßig zusammenkamen, um anderen von dem, was sie erlebt haben, zu erzählen. Sie sind stolz auf den Namen „Busenfreundinnen", und das mit vollem Recht; sie sind ein tolles Team.

Diese vier Damen sind bestens vertraut mit dem Schock einer lebensbedrohenden Krankheit – mit der Angst und der Einsamkeit und dem Kampf, der dann beginnt. Bei ihnen war es der Brustkrebs, und an diesem Abend hatten wir das Vorrecht, aus ihrem Mund zu hören, wie sie ihren Kampf gegen den Krebs gewonnen hatten. Zwei von ihnen hatten ihre Krebsdiagnose vor 15 Jahren bekommen, die beiden anderen vor acht Jahren.

Jede der Damen wurde als Gläubige mit dem Krebs konfrontiert. Jede hatte den Kontakt zu anderen gesucht. Jede hatte den Krebs besiegt und berichtete, wie der Kampf ihr Leben und ihren Glauben verändert hatte. Alle vier Geschichten hatten Gemeinsamkeiten – rote Fäden, die sie mit Gott und miteinander verbanden. Als sie sie erzählten, leuchteten die Frauen förmlich; sie hatten die Gesichter von Menschen, die wertvolle „Extrajahre" geschenkt bekommen hatten.

Sie wollten auch, dass andere Menschen erfuhren, was sie im Tal des Todesschattens über Gott gelernt hatten. Ich hörte den Vieren zu, wie sie erzählten, was für Geheimnisse sie in ihren Krankheitsjahren entdeckt hatten, und spürte, wie mein Herz ein Stück ruhiger und zuversichtlicher wurde. Wir wissen ja nie, wann wir selbst durch ein solches Tal hindurchmüssen und wie man sich auf so etwas vorbereitet.

Die Busenfreundinnen hatten das alles hinter sich. Sie erzählten uns ganz offen, wie die gesundheitlichen Probleme, durch die sie durchmussten, ihren Charakter geformt hatten.

Im Tal des Todesschattens

König Hiskia war im „Tal des Todesschattens" angekommen. Der Ausdruck stammt von König David und steht in dem bekannten 23. Psalm, dem „Hirtenpsalm". Das Tal des Todesschattens muss nicht der Ort sein, wo man stirbt, aber der Tod ist dort so bedrohlich nahe und real, dass man ihn wie einen Schatten spürt, der die Sonne verdunkelt.

> *Auch wenn ich wandere im Tal des Todesschattens, fürchte ich kein Unheil, denn du bist bei mir. (Ps 23,4)*

Es ist egal, wo wir uns gerade befinden – der Schatten des Todes ist uns immer nah, weil wir vom Tod umgeben sind. Wir werden ständig an ihn erinnert; es gibt keinen Ort, der vor seiner Realität sicher wäre. Sie kennen dieses Tal, wenn Sie schon einmal schwerkrank waren, wenn Sie knapp an einem schweren Unfall vorbeigeschrammt sind oder wenn einer Ihrer Lieben gestorben ist. Wir werden ihn nicht los, diesen Schatten.

Für die meisten von uns ist der Zeitpunkt des eigenen Todes ungewiss. Das war bei König Hiskia anders. In der Mitte einer langen und gesegneten Regierungszeit wurde dieser große Führer Israels schwerkrank, und Gott schickte den Propheten Jesaja zu ihm, um ihm zu sagen:

„So spricht der Herr: Bestelle dein Haus! Denn du wirst sterben und nicht am Leben bleiben." (2Kö 20,1)

Dieser Satz versetzt den König augenblicklich in den Krisenmodus.

Die biblischen Berichte haben viel über Hiskia und seine Herrschaft zu sagen. Er war ein guter König, der mutige Maßnahmen ergriff, die Israel den Segen Gottes, den es während der Regierungszeit von König Ahas (Hiskias Vater) verloren hatte, zurückbrachten.

Hiskia kam mit 25 Jahren auf den Thron und begann sofort mit religiösen Reformen. Er „tat, was recht war in den Augen des Herrn" (2Kö 18,3). So beseitigte er die heidnischen Höhenheiligtümer, zerstörte die eherne Schlange, die die Menschen als Götzen anbeteten, und führte das Volk zurück zu Gott. Der biblische Bericht resümiert:

Er vertraute auf den Herrn, den Gott Israels. Und nach ihm hat es seinesgleichen nicht gegeben unter allen Königen von Juda noch unter denen, die vor ihm waren. (2Kö 18,5)

Die Ankündigung seines baldigen Todes kommt völlig unerwartet. Es gibt keinerlei Anzeichen dafür, dass Gott Hiskia bestrafen oder irgendwelche verdeckten Sünden aufdecken will. Im Gegenteil: Gott hat soeben Hiskia und Israel benutzt, um Sanherib von Assyrien eine Lektion zu erteilen. Hiskia bekommt seine Hiobsbotschaft kurz nachdem ein Engel Gottes 185 000 Mann des assyrischen Heeres, das Jerusalem belagerte, getötet hatte.

Dieses „Timing" der Ankündigung von Hiskias Tod ist sehr wichtig für eine realistische Theologie des Leidens. An schweren Krankheiten, die zum Tod führen, ist in den allermeisten Fällen *nicht* der Betroffene „schuld“. Es muss keine Strafe für unseren Ungehorsam sein. Gott will uns nichts heimzahlen mit gesundheitlichen oder sonstigen Krisen. Manchmal haben solche Krisen eher den Sinn, uns zu testen – ohne dass es weitere Gründe dafür gäbe.

Und weil das so ist, ist die Frage: „*Warum* passiert mir das?“, die wir so gerne stellen, sinnlos. Dagegen macht es allen Sinn der Welt, solche Situationen als Gelegenheit zu betrachten, Gott mehr zu vertrauen und sich von ihm verändern zu lassen.

Für Hiskia war seine Erkrankung der Test seines Lebens, und wie er damit umging und wie er seine Krankheit überwand, ist eine Lektion für uns, die wir uns sorgfältig zu Gemüte führen sollten. Als Hiskia anfängt, ins Gebet zu gehen, gibt es wenig Überraschungen, aber seine Geschichte endet auf eine Art, die wir nicht erwartet hätten.

Was tun in dem Tal?

Wie reagierte Hiskia auf seine Krise? Wie sollten wir auf unsere reagieren?

1. Gott suchen.

Der Text verschwendet keine Worte. Kaum hat Hiskia die Nachricht vernommen, geht er ins Gebet.

> *Da wandte er sein Gesicht zur Wand und betete zu dem Herrn. (2Kö 20,2)*

Hiskia hat Gott zur Ehre gelebt und regiert. Er ist solch ein guter König gewesen – und jetzt diese Nachricht, dass er bald sterben wird! Es haut ihn um, und bei uns wäre das nicht anders.

Schlechte Dinge passieren manchmal auch guten Menschen, die Gott gehorchen. Dies ist schwer für uns zu verstehen, aber es ist wahr, und Hiskia wusste: Jetzt musste er sich an Gott wenden; jede andere Adresse wäre sinnlos gewesen. Wir wissen nicht genau, warum Hiskia sein Gesicht zur Wand wandte, aber wahrscheinlich wollte er sich ganz auf Gott konzentrieren, sich von niemand ablenken lassen, auch nicht die Hilfe in einer anderen Richtung suchen. Es war, gelinde ausgedrückt, ein sehr ernstes Gebet.

Wenn jemand von Jesajas Kaliber eine Prophezeiung aussprach, war sie so gut wie eingetroffen. Was Jesaja sagt, ist keine Vermutung, keine ärztliche Meinung, zu der es eine zweite geben könnte, erst recht keine Wahnvorstellung. Hiskia hört dies als Tatsache, an der es nichts zu deuteln gibt.

Entsprechend verzweifelt ist Hiskia. Wenn Sie schon einmal in einer ähnlichen Lage waren, wissen Sie schon, wie es weitergeht.

Hiskia *sucht Gott*. Und er sucht ihn *persönlich*, sozusagen unter vier Augen. Ohne Zweifel hat er in seinem Schockzustand Fragen, wie wir sie auch hätten. Wahrscheinlich kämpft er mit Gefühlen der Angst, Wut und Enttäuschung. Vielleicht hat er seinen Protest und sein „Das kann doch nicht wahr sein" buchstäblich hinausgeschrien. Wir wissen es nicht genau. Aber es ist gut, zu wissen, dass Gott uns für solche Dinge nicht „bestraft". Der biblische Bericht macht deutlich, dass Hiskia mit der Art, wie er Gottes Angesicht sucht, nichts Ungehöriges tut.

Wenn Gott eine Krise in unserem Leben zulässt, gibt er zusammen mit der Krise auch seine Gnade.

Als ich mit den vier „Busenfreundinnen“ sprach, berichteten sie von ganz unterschiedlichen Reaktionen auf die Krebsdiagnose; sie reichten von einem stillen Sichfügen in Gottes Willen bis zum ungläubigen Schock. Eine der Damen hatte als erstes geprüft, was ihre Krankenversicherung zahlen würde, und sich überlegt, was sie in ihrer Familie alles regeln müsste.

Aber egal, wie die persönlichen Reaktionen waren, Gott gab diesen Frauen die Kraft und den Raum, den sie brauchten, um auf die Krise zu reagieren. Er ließ sie nicht links liegen, er überließ sie nicht ihrem Schicksal. Er war immer da.

2. Mein Leben prüfen.

Hiskias Gebet ist kurz, aber tief. Es ist zutiefst persönlich und emotional. Hiskia prüft sein Leben vor Gott.

> *„Ach, HERR! Denke doch daran, dass ich vor deinem Angesicht in Treue und mit ungeteiltem Herzen gelebt und dass ich getan habe, was gut ist in deinen Augen!“ Und Hiskia weinte sehr. (2Kö 20,3)*

Verzweifelte Situationen sollten uns ins Nachdenken und Prüfen treiben.

Nehemia war verzweifelt, als er im babylonischen Exil vom Zustand Jerusalems hörte, und diese Verzweiflung ließ ihn ehrlich über den Zustand des ganzen Volkes nachdenken, bevor er betete: „Ach, Herr, lass doch dein Ohr aufmerksam sein auf das Gebet deines Knechtes“ (Neh 1,11).

Ein anderer König von Juda, Joschafat, zog in seiner Verzweiflung schonungslos Bilanz, als er betete: „Denn in uns ist ja keine Kraft ... Wir wissen nicht, was wir tun sollen, und richten deshalb unsere Augen auf dich!“ (2Chr 20,12; NeÜ). *Herr, wir schauen auf dich und auf sonst nichts und niemand!*

Hiskia erinnert sich in seiner Not an sein Leben der Treue gegenüber Gott. Er sucht nach Gründen, warum Gott ihn verschonen sollte. Genauso wie die meisten von uns will er nicht sterben. Vielleicht denkt er auch an seine Familie, an die Nation oder an seine Pflichten.

Was hatte Hiskia in früheren Zeiten getan, wenn es Krisen gab? Er war vor Gott getreten, um für sein Volk zu bitten. Er hatte es erlebt, wie Gott mitten in der Nacht einen Engel schickte, der 185 000 assyrische Krieger in ihrem Lager vor der Stadt sterben ließ. Er wird sich wieder daran erinnert haben, als er so zu Gott betete.

Was uns zum nächsten Punkt bringt: Verzweifelte Situationen lehren uns auch, uns daran zu erinnern, was wir mit Gott erlebt haben. Denken Sie einmal daran zurück, wie Sie selbst Gott suchten, als eine Krise in Ihr Leben einbrach. Wissen Sie noch, wie Gott damals sein Wesen und seine Möglichkeiten zeigte, um zu helfen? Und wie er Ihre Gebete erhörte?

Vor ein paar Jahren las ich in einer Zeitschrift einen Artikel von Kenneth Doke über die Seelsorge an Menschen, die durch schwere Krisen gehen. Er erwähnte eine Therapeutin, die behauptete vorhersagen zu können, wie er mit seinem eigenen Sterben umgehen würde – nämlich genauso wie mit jeder anderen Lebenskrise.

Da ist etwas dran. Glauben Sie keinen Augenblick, dass Gott Sie nicht auf Ihre Krise vorbereitet hat. Kann gut sein, dass er Sie daran erinnert, wenn die Krise da ist.

3. Meine innere Leere erkennen.

Und Hiskia weinte sehr. (2Kö 20,3)

Was bedeutet dieser Satz? Ganz einfach, dass dieses bitterliche Weinen die innere Leere des Königs offenbarte. Es gab nichts in ihm selbst, das ihm hätte helfen können, und es war auch keine Hilfe von außen in Sicht. Er stand nackt und allein vor Gott.

Hiskias Gebet ist erstaunlich kurz. Gut zwei Dutzend Worte, und dann fängt er an zu weinen. Jemand hat einmal gesagt, dass Weinen manchmal das beste Gebet ist, weil Gott die Sprache der Tränen versteht.

Wenn wir beten, schaut Gott nicht auf die Zahl unserer Worte, sondern auf die Tiefe unserer Hingabe. Beten mag schwierig sein, aber Kapitulation vor Gott ist noch schwieriger.

Manchmal wissen wir gar nicht, wie wir beten sollen. Das sind die Situationen, wo selbst unsere Seufzer und unsere Tränen perfekt übersetzt zu Gottes Herz gelangen. Der Apostel Paulus hat es so ausgedrückt:

In gleicher Weise nimmt der Geist Gottes sich auch unserer Schwachheit an, denn wir wissen nicht, wie man richtig beten soll. Er tritt mit einem Seufzen für uns ein, das man nicht in Worte fassen kann. Und Gott, der die Herzen erforscht, weiß, was der Geist damit sagen will, denn der Geist tritt für die Heiligen so ein, wie es vor Gott angebracht ist. (Röm 8,26-27; NeÜ)

Was bin ich dankbar, dass ich das wissen darf! Wenn wir innerlich leer sind, hört Gott unsere Gebete. Es ist eine Situation der völligen Hilflosigkeit, aber es ist der beste Ort, an dem wir sein können, wenn uns das Leben um die Ohren fliegt.

Corrie ten Boom, die im Zweiten Weltkrieg die KZs der Nazis überlebte, schreibt:

> *Das Wunderbare am Beten ist, dass wir damit eine Welt verlassen, in der wir nichts tun können, um Gottes Welt zu betreten, in der alles möglich ist. ... Nichts ist zu groß für seine Allmacht und Kraft. Nichts ist zu klein für seine Liebe.*[9]

Hiskia betet und liefert sich ganz Gott aus. Worauf etwas Erstaunliches geschieht:

> *Und es geschah – Jesaja war noch nicht aus der inneren Stadt hinausgegangen –, da geschah das Wort des HERRN zu ihm: „Kehre um und sage zu Hiskia, dem Fürsten meines Volkes: So spricht der HERR, der Gott deines Vaters David: Ich habe dein Gebet gehört, ich habe deine Tränen gesehen. Siehe, ich will dich heilen; am dritten Tag wirst du ins Haus des HERRN hinaufgehen. Und ich will zu deinen Tagen fünfzehn Jahre hinzufügen." (2Kö 20,4-6)*

Ich liebe solche Schlüsselmomente in Geschichten und in der Bibel. Immer wieder finden wir in der Bibel Aussagen, die zeigen, wie Gott in verzweifelten Situationen eingreift. Gott antwortet auf Hiskias Gebet prompt und in großer Gnade und auf eine Art, wie Hiskia es sich in seinen kühnsten Träumen nicht hätte vorstellen können.

Doch wie wunderbar dies alles auch ist, es bleiben Fragen in unserem Hinterkopf. Warum kündet Gott in dieser Geschichte zunächst etwas an, das er dann gar nicht ausführt? Wie kann er als der Allmächtige handeln und es sich dann – auf ein Gebet hin – anders überlegen? Wie passt das alles zusammen?

Könnte es sein, dass unsere ausweglosen Situationen von Gott arrangiert sind, um uns näher zu ihm zu ziehen? Sollen sie vielleicht unseren Glauben prüfen? Könnten sie das Fundament sein, auf dem wir lernen, Panik zu überwinden, die Angst und die Beklemmung, die wir zunächst empfinden, loszulassen, um an den Antworten festzuhalten, die Gott uns gibt, und nicht an unseren eigenen Erklärungsversuchen?

Kennen Sie einen Mann namens Hiob? Erinnern Sie sich an Augenblicke in Ihrem eigenen Leben, wo Ihnen nichts anderes übrig blieb, als sich ganz und ohne Wenn und Aber in Gottes Arme zu werfen?

Oder wann haben Sie das letzte Mal den Jakobusbrief gelesen?

> *Haltet es für reine Freude, meine Geschwister, wenn ihr in verschiedener Weise auf die Probe gestellt werdet. Ihr wisst ja, dass ihr durch solche Bewährungsproben für euren Glauben Standhaftigkeit erlangt. (Jak 1,2-3; NeÜ)*

Eine der „Busenfreundinnen“ sagte uns: „Das war von Anfang an *mein* Bibelvers.“

Und ich kann sagen, dass einige der größten Augenblicke meines Lebens solche waren, in denen ich ganz unten war.

Die vier Damen in unserem Wohnzimmer berichteten darüber, wie es war, vor der Herausforderung zu stehen, Gott zu vertrauen wie noch nie zuvor in ihrem Leben. Sie sagten:

„Ich merkte, dass ich die Freude wählen musste.“

„Ich beschloss, mein Leben nicht bitter, sondern besser werden zu lassen.“

„Ich hatte Angst, aber ich war dankbar für Gottes Gegenwart."

„Gott sagte mir, dass er die Sache im Griff hatte, und ich beschloss, ihm zu glauben."

Gott war dabei, den Charakter dieser Frauen zu verändern. Freude statt Elend. Optimismus statt Pessimismus und Trübsal. Dankbarkeit statt Angst.

Die vier Busenfreundinnen leuchteten geradezu vor Glauben und Vertrauen zu dem Gott, den sie liebten. Sie waren verzweifelt gewesen und lernten zu vertrauen. Sie haben es erlebt, wie Gott ihnen in dem finsteren Tal begegnete.

Und schließlich führte Gott sie durch das dunkle Tal des Krebses hindurch und zurück ans Licht. Ich weiß, dass es nicht immer so geht. Es ist wichtig, sich darüber im Klaren zu sein, dass eine Gesundheitskrise wie so eine Krebserkrankung auch mit dem Tod enden kann. Viele Menschen, die genauso ernst gebetet und vertraut haben, haben die Heilung von ihrer Krankheit nicht erlebt.

Ich musste es erleben, wie meine eigene Mutter den Kampf mit dem Krebs verlor, obwohl wir bestimmt genauso ernst gebetet hatten, wie einst Hiskia und obwohl es so vieles gab, was meine Mutter noch gerne auf dieser Erde getan hätte. Ich habe nicht alle Antworten, aber ich weiß, dass in jenen Stunden Gottes Gnade und Güte meine Mutter und unsere Familie erreichte, und auch wenn sie nicht mehr unter uns ist, lebt das, was sie getan hat, weiter.

Je länger ich lebe, desto öfter begegne ich Menschen, die unsichtbare Lasten tragen, aber von der beharrlichen Gnade, die Gott ihnen schenkt, aufrechterhalten werden.

Aber wenn Gott uns tatsächlich Heilung schenkt, was für eine Chance gibt er uns damit? *Warum* gibt er uns mehr Lebenszeit? Was für einen Sinn haben unsere „Extra-Jahre"?

Vom Tal des Todesschattens lernen

Es mag uns schockieren, aber Hiskia hat die Antworten auf diese Fragen nicht gefunden. In 2. Chronik 32,25 (NLB) lesen wir:

> *Doch Hiskia würdigte die Güte nicht, die ihm der HERR erwiesen hatte, sondern er wurde überheblich.*

Sein arroganter Stolz in den Extra-Jahren, die Gott ihm geschenkt hatte, brachte in der nächsten Generation das Gericht über sein Volk, und fast alles, wofür er in seinem Leben gearbeitet hatte, ging verloren.

Hiskias Versagen am Ende ist eine Lektion für uns, dass es einen Grund gibt, warum Gott uns unsere Lebenszeit gewährt, und dass wir diesen Grund suchen sollten. Gott gibt uns Gnade und Kraft – und nicht zuletzt die richtige Perspektive, um ein Leben zu führen, das ihm Ehre macht.

Es liegt an uns, das Leben, das Gott uns jeden Tag gibt, zu ergreifen. Wenn uns dieser Sinn unseres Lebens nur genauso wichtig wäre wie unsere Gesundheit!

Was mich zurück zu unseren Freundinnen an unserem Wohnzimmertisch bringt.

Wie Hiskia wandten sie sich in ihrer Not an Gott. Wie er mussten sie nicht sterben und bekamen zusätzliche Lebenszeit. Doch anders als er fanden sie zu der Demut und Dankbarkeit, die ihnen, als sie das Tal des Todesschattens hinter sich hatten, ein sinnvolles und fruchtbares Leben ermöglichten.

Dabei ist *ihr Gottvertrauen tiefer geworden.*

Vertraue auf den HERRN mit deinem ganzen Herzen und stütze dich nicht auf deinen Verstand! Auf all deinen Wegen erkenne nur ihn, dann ebnet er selbst deine Pfade! (Spr 3,5-6)

Es erfordert einiges, unsere Gesundheit und unsere Zukunft in Gottes Hand zu legen, aber eine Lebenskrise kann uns helfen, das zu tun, wenn wir es denn wollen. Es ist möglich, zu jenem völligen Gottvertrauen zu finden, das Paulus beschreibt, wenn er sagt, dass „denen, die Gott lieben, alle Dinge zum Guten mitwirken, denen, die nach seinem Vorsatz berufen sind" (Röm 8,28).

Wir mögen nicht *erklären* können, wie in Gottes Händen alles zum Guten führt, aber wir wissen, dass es geschieht. Nichts und niemand könnte mich davon überzeugen, dass es nicht so ist.

Die vier Frauen haben durch das Leben im dunklen Tal auch *tiefere Beziehungen zu anderen Menschen bekommen.* Die Gemeinschaft der Gläubigen ist für sie sichtbarer, stärker, realer geworden. Alle vier erwähnten, was für eine Stärkung es für sie bedeutet hatte, dass Menschen für sie beteten. Und in ihrem eigenen Gebetsleben und Dienst wurde das Mitfühlen mit anderen Menschen, die durchs Tal der Todesschatten gehen müssen, zu etwas Prägendem.

Alle „Busenfreundinnen" helfen anderen Menschen, die Ähnliches durchmachen wie einst sie. Eine schrieb ein Buch; eine andere ist eine begabte Lehrerin, die die Gnadengeschichten der vier lebendig hält. Die vier machen diesen Lebensabschnitt, in denen Gott ihnen begegnete, fruchtbar.

Weiter: Nach dem Kampf mit dem Krebs sind ihnen *unwichtige Dinge unwichtig geworden.* Was zählt schon etwas, das lediglich ärgerlich ist, wenn ich Krisen erlebt habe, wo es um Leben oder Tod ging? Die Prioritäten sind klarer geworden, und Dinge, die klein und unwichtig sind, spielen keine große

Rolle mehr im Denken und Reden der vier Frauen. Ihr Leben ist wesentlich konzentrierter geworden.

Wie eine von ihnen sagte: „Das Leben ist zu kurz, um jemandem etwas nachzutragen. Ich habe damit aufgehört."

Und schließlich gehört zum Leben nach dem Krebs *eine neue Dankbarkeit und Anbetung Gottes.*

Wie eine der Damen es ausdrückte: „Ich bete Gott heute ganz anders an. Jeder Augenblick ist ein Geschenk."

Ich treffe diese Frauen regelmäßig. Ihre Freude ist ungebrochen – und ansteckend. Sie haben das Geheimnis der Dankbarkeit entdeckt, das nur so wenige kennen.

Unser Leben in dieser Welt ist nicht das Letzte. Durch die Auferstehung Jesu Christi und die Verheißung des Himmels haben wir eine großartige Zukunftshoffnung. Jenseits der Todesschranke wartet ein Leben auf uns, das größer ist als alles, was wir auf dieser Erde gekannt haben – aber diese Zukunft wird von dem geprägt, was wir hier und jetzt mit unserer Zeit auf dieser Erde machen.

Das Wissen um die Kürze und den Wert unseres irdischen Lebens ist etwas unendlich Kostbares, und das vielleicht wichtigste Gebet, das wir hier sprechen können, ist dieses:

So lehre uns denn zählen unsere Tage, damit wir ein weises Herz erlangen! (Ps 90,12)

10

Was Gott anfängt, führt er zu Ende

Ihre Geschichte

Ich bin ganz sicher, dass Gott das gute Werk, das er in euch angefangen hat, auch bis zu dem Tag weiterführen und vollenden wird, an dem Christus Jesus wiederkommt.

Philipper 1,6; NeÜ

In der Einleitung zu diesem Buch habe ich Ihnen Geschichten aus dem wirklichen Leben versprochen, die uns Hoffnung geben. Die Geschichten, die Sie gelesen haben, haben verschiedene Wege aufgezeigt, wie Gott uns von der Niederlage zum Sieg führt.

In diesem letzten Kapitel soll es um *Ihre* Geschichte gehen – um Ihre eigene Situation, ihren eigenen Lebensabschnitt. Kann sein, dass dies das wichtigste und einprägsamste Kapitel dieses Buches wird. Es geht um Ihre ganz persönliche Lebensreise.

Ich erzähle oft meine eigene Geschichte. Als ich sechs Jahre alt war, wurde ich ernsthaft krank und hatte längere Zeit sehr hohes Fieber. Eine meiner frühesten Erinnerungen ist, wie einer meiner Eltern mir den Kopf hochhält, während ich in einer mit Wasser und Eiswürfeln gefüllten Badewanne liege. Es war ein Versuch, das Fieber zu brechen, aber das wusste ich damals natürlich nicht. Doch haben sich die verzweifelten Gesichter meiner Eltern und meine Hilflosigkeit und Verwirrung für immer in mein Gedächtnis gegraben.

Nun, das Eiswasser brach das Fieber tatsächlich, und ich fing an zu genesen. Aber das Fieber hatte die Gehörnerven im Innenohr in Mitleidenschaft gezogen, und ich wurde auf beiden Ohren zu über 90 Prozent taub. Meine Welt um mich wurde weitgehend stumm. Ich konnte nur solche Geräusche wahrnehmen, die von starken Vibrationen begleitet waren – z. B. den hämmernden Bass in einem Musikstück oder wenn in der Nähe eine Tür zuknallte. Als Schulkind lebte ich in einer Welt, in der Lippen sich still bewegten und alles geräuschlos vor sich ging. Ich fühlte mich einsam und abgeschnitten von allem, was um mich herum vorging. Ich konnte noch nicht einmal meine eigene Stimme hören.

Meine Eltern waren großartig. Sie versuchten alles Mögliche, um meine Welt weniger stumm zu machen, einschließlich des Unterrichts im Lippenlesen, Hörgeräte und alles Mögliche, das mir helfen konnte, mich in einer Welt der Geräusche zurechtzufinden. Die Grundschullehrer in unserer Kleinstadt trugen ihren Teil bei, und ich bin überzeugt, dass dieses Team fantastischer Helfer meine Welt viel besser machte, als sie ohne sie gewesen wäre.

Aber das Leben war immer noch schwierig; war eine Hürde überwunden, kam prompt die nächste. Dazu die Fragen, die mich nicht in Ruhe ließen: *Warum sind alle anderen normal und nur ich bin schwerhörig? Wo war Gott, als ich so krank war? Wie kann ein Gott, der angeblich allmächtig ist, tatenlos zuschauen, wie ich mich abstrample?*

Ich fand, dass das Leben ungerecht war, und fühlte mich als Opfer.

Ich weiß nicht mehr, wie oft Gott mir sagte: *Ich bin noch nicht fertig mit dir. Die Geschichte ist noch nicht vorbei. Warum kannst du das nächste Kapitel nicht in meine Hände legen?*

Langsam, langsam lernte ich es, Gott zu vertrauen. Und wieder zu vertrauen. Bis heute vertraue ich ihm jeden Tag neu. Er ist immer noch nicht fertig mit mir! Meine Glaubensreise geht weiter, und ich habe keinen Grund, von Gott enttäuscht zu sein.

Wenn wir die Geschichten von Menschen lesen, die Gottes Hilfe und Gnade erfahren haben, ist es unvermeidlich, dass wir uns mit ihnen vergleichen. Unsere Erfahrungen werden unterschiedlich sein, aber der Gott, der in unserem Leben am Werk ist, ist genau derselbe Gott, der in das Leben von Mose oder Abigajil oder Josef eingegriffen hat.

Was, wenn ich Gott das Vertrauen kündige?

Wenn wir über das Leben der Menschen nachdenken, von denen wir in diesem Buch gelesen haben, ist eine naheliegende Frage: „Was wäre aus ihnen geworden, wenn sie *nicht* auf Gott gehört und seine Hilfe *nicht* in Anspruch genommen hätten? Was wäre dann anders gewesen in ihrem Leben?" Es braucht nicht viel Fantasie, um sich vorzustellen, wie schnell Jona umgekommen wäre in den Tiefen des Meeres. Oder wie Davids Königreich zerfallen wäre. Oder dass die Juden im persischen Reich verloren gewesen wären, hätte Ester nicht auf Gott vertraut.

Aber wir finden in der Bibel und in unserer Welt heute viele Geschichten von Menschen, die sich weigerten, ihr Leben von Gott heilen zu lassen, und auch von diesen Geschichten kenne ich etliche. Ich habe Menschen seelsorgerlich betreut, deren Probleme immer schlimmer wurden, weil einer ihrer Lieben nicht sehen wollte, dass Gott mit seinem Leben noch nicht fertig war.

Ich muss oft daran denken, wo ich heute wäre, wenn ich „mein eigenes Ding" durchgezogen hätte. Was ich dann sehe, gefällt mir gar nicht. Mit das Traurigste, was man erleben kann, ist mitzubekommen, wie sich jemand Gottes Plan und Verheißungen in seinem Leben verweigert. Tatsache ist jedoch: Gott ist nie fertig mit uns – bis zu unserem letzten Tag auf Erden.

Beim Schreiben dieses Buches ist es mein Gebet gewesen, dass Gott Sie und Ihr Leben in sein Licht stellt. Und dass er Ihnen hilft, zu erkennen, dass seine Gnade auch für Sie da ist.

Fragen Sie sich gerade, ob Gott mit Ihnen längst fertig ist? Haben Sie aufgehört, sich die „Was-wäre-wenn"-Frage zu stellen, mit der Gott uns manchmal überrascht? *Was wäre, wenn Gott in meinem Leben diese Sache tun oder dieses Gebet erhören würde?*

Was wäre, wenn er mir in den nächsten Tagen zeigen würde, wie es weitergehen kann mit meinem Leben? Ich hoffe, dass Sie sich auf die nächsten Etappen Ihrer Lebensreise freuen können.

An was ich mich erinnern sollte, wenn ich die Reise wieder aufnehme

Wenn Gott Sie auffordert, Ihre Lebensreise mit ihm wieder aufzunehmen, sollten Sie sich ein paar Fragen stellen, um Ihre Orientierung wiederzufinden:

- Laufe ich gerade *zu Gott hin* oder *von ihm weg?*
- Bin ich dabei, den Kampf mit der Welt, dem Fleisch und dem Teufel zu *gewinnen* oder zu *verlieren*?
- Führe ich mein Leben *transparent* oder gibt es Dinge in meiner Vergangenheit oder meinem Lebensstil, die ich *verstecke*?
- Bin ich mit meiner Vergangenheit *ins Reine gekommen* oder *kämpfe* ich mit dem, was ich erlebt habe?
- Habe ich *Frieden* mit Gott oder bin ich *wütend* auf ihn?

Dies sind Fragen, die wir beantworten sollten, wenn wir uns auf den Weg zurück zu geistlicher Gesundheit machen wollen.

Die folgenden Punkte wollen Sie daran erinnern, was Sie über Gott wissen müssen, damit Ihr Comeback zu ihm gelingt.

Gedächtnishilfe 1: Gott weiß genau, wo Sie gerade sind und was in Ihrem Leben geschieht.

Manchmal ist diese Wahrheit unangenehm (vor allem, wenn wir etwas zu verbergen haben), manchmal ist sie das Befreiendste von der Welt: Ich habe mich verlaufen, aber Gott weiß, wo ich bin!

In den Psalmen werde ich oft daran erinnert. In Psalm 139,7-8 betet David:

> *Wohin sollte ich gehen vor deinem Geist, wohin fliehen vor deinem Angesicht? Stiege ich zum Himmel hinauf, so bist du da. Bettete ich mich in dem Scheol, siehe, du bist da.*

Diese Wahrheit zeigt mir: Ich muss mir Gottes Aufmerksamkeit nicht erst verdienen. Er ist bereits im Bilde.

Jedes Mal, wenn wir Verlust und Leid erleben, dürfen wir wissen, dass wir gleichzeitig mit Gottes Gnade rechnen dürfen. Wir brauchen Gott nicht erst zu suchen; wir dürfen wissen, dass er in den schlimmsten Augenblicken unseres Lebens für uns da ist. Gott ist im Bilde.

Gedächtnishilfe 2: Sie sind nie allein. Gott ist bei Ihnen.

Dies ist zunächst einmal eine allgemeine Wahrheit über Gott. Er ist allgegenwärtig; er ist buchstäblich überall. Aber ganz besonders gilt diese Wahrheit für jeden, der an Jesus Christus glaubt. Die Verheißung der Erlösung für den, der sein Leben auf den Tod

Christi am Kreuz gründet und ihn zum Herrn seines Lebens macht, ist die Verheißung des Heiligen Geistes.

Der Heilige Geist wohnt in jedem Menschen, der an Christus glaubt, und er ist immer bei uns. Was bedeutet, dass ich nie allein bin, auch wenn ich mich so fühle, und dass ich keine großen Sprünge machen muss, um zurück zu Gott zu kommen; er ist die ganze Zeit schon bei mir.

Bereits im Alten Testament hat Gott für alle sichtbar gezeigt, dass er bei denen ist, die ihn brauchen. Der Leitsatz, der über Josefs Leben im Gefängnis stand, lautete, dass „der HERR mit ihm war" (1Mo 39,23).

Und als ob das noch nicht reicht, erklärt Gott uns persönlich, dass er immer da ist:

> *Denn Gott hat gesagt: „Nie werde ich dich aufgeben, niemals dich im Stich lassen." (Hebr 13,5; NeÜ)*

Gedächtnishilfe 3: Was Gott verspricht, das hält er. Auch heute.

In einigen der größten Geschichten in der Bibel geht es um Verheißungen Gottes an sein Volk, die er hielt, egal wie verzwickt die Situation war. Viele seiner Verheißungen gelten auch noch für uns heute, und er ist nach wie vor der Gott, der hält, was er versprochen hat.

Die Bibel ist voller Verheißungen, die Gott in der Vergangenheit gegeben hat oder die er denen gibt, die heute Christus nachfolgen. Er möchte uns helfen, diese Verheißungen zu entdecken, im Gedächtnis zu behalten und darauf zu vertrauen.

Ich persönlich hörte auf, mit Gott wegen meiner Schwerhörigkeit zu hadern, als ich den Bibelabschnitt las, wo Gott dem Apostel Paulus zusagt, dass er ihm genügend Kraft geben wird, um mit jedem gesundheitlichen und geistlichen Problem fertigzuwerden. Ich las diesen Text zu einer Zeit, wo ich nicht wusste, ob ich es schaffen würde, Gottes Berufung für mich zu gehorchen. Es fehlte mir nicht am guten Willen, aber ich wusste um meine Grenzen. Und dann las ich also diese Verheißung Gottes:

> *Und er hat zu mir gesagt: „Meine Gnade genügt dir, denn meine Kraft kommt in Schwachheit zur Vollendung." Sehr gerne will ich mich nun vielmehr meiner Schwachheiten rühmen, damit die Kraft Christi bei mir wohnt. (2Kor 12,9)*

Diese Verheißung Gottes an Paulus habe ich mir zu eigen gemacht. Gott ist auch heute noch derselbe Gott, und wenn wir Jesus nachfolgen, gehören wir genauso zu Gottes Volk wie damals Paulus. In den Jahrzehnten, seit ich mir diesen Vers zu eigen machte, habe ich erfahren, dass Gott in der Tat zu seinen Verheißungen steht. Seine Gnade genügt wirklich!

An was für Verheißungen Gottes halten *Sie* sich fest?

Gedächtnishilfe 4: Gottes Möglichkeiten sind unbegrenzt.

Die Weisheit, die Abigajil und Ester in ihren Krisenmomenten zeigten, ist beeindruckend. Was war ihre Quelle? Gott! Gott schenkt uns erstaunlich viel Einsicht, Kraft und Entschlossenheit – und gerade dann, wenn wir sie am meisten brauchen, schickt er uns Menschen, die uns Mutmacher und Ratgeber sind.

Es kann gut sein, dass Jakobus 1,5 der Bibelvers ist, den ich am häufigsten zitiere. Ich brauche ihn ständig.

> *Wenn es aber einem von euch an Weisheit fehlt, bitte er Gott darum, und sie wird ihm gegeben werden; denn Gott gibt allen gern und macht dem, der ihn bittet, keine Vorhaltungen. (NGÜ)*

Ich bin davon überzeugt, dass wir vieles von dem, was Gott uns an Hilfe schickt, verpassen, weil wir vergessen, wo wir es finden können bzw. wen er gebraucht, um es uns zukommen zu lassen – oder auch weil wir schlicht vergessen, ihn darum zu bitten.

Wie soll ich die nötigen Wahrheiten und die Weisheit finden ohne die Bibel? Wie soll ich Gespräche erleben, die mein Leben verändern, wenn ich nicht zum Leib Christi (also zur Gemeinde) gehöre? Dort finde ich „meine Leute“, wenn das Leben schwierig wird. Von wem oder was lasse ich mir raten? Achten Sie darauf, dass Sie Ihren Rat von den Menschen des Buches (der Bibel) beziehen.

Gott redet durch sein Buch und durch seine Leute. Und er hat noch mehr Möglichkeiten.

Gedächtnishilfe 5: Geduldig auf Gott warten bewahrt uns davor, uns kaputtzumachen.

Moses Wut und Impulsivität brachten ihn nicht nach vorne, sondern warfen ihn zurück. Hätte er nur auf Gott gewartet, sein Leben wäre viel einfacher gewesen! Das gilt für uns genauso.

Josef im Gefängnis ist ein Paradebeispiel des geduldigen Wartens. Anstatt einen Gefangenenaufstand zu organisieren, wartete Josef auf den Gott, der ihn nicht vergaß. Er bewahrte sich vor Selbstzerstörung, und als der Zeitpunkt gekommen war, hob Gott ihn auf die Höhen der Macht.

David brauchte Abigajil, um ihn davor bewahren, sein Leben zu zerstören. Er war drauf und dran, sein künftiges Königtum zu verspielen, aber Gott benutzte Abigajil, um ihn zurückzuhalten.

Meistens ist das, was wir brauchen, nicht, dass wir die Dinge in die eigene Hand nehmen, sondern dass wir Gott vertrauen.

Gedächtnishilfe 6: Gnade und Durchhaltevermögen passen gut zusammen.

Wir können nichts tun ohne Gottes Gnade, aber er erwartet auch ein gewisses Maß an Mut von uns. In all den Jahren der Gemeindeleitung und Seelsorge habe ich den Menschen immer wieder einen ganz bestimmten Rat gegeben. Erst fand ich ihn etwas oberflächlich, aber inzwischen weiß ich um seinen Wert.

„Bleib dran!“ Klingt seicht, ist aber tief. Und biblisch.

Es ist wichtig, dranzubleiben, während wir darauf warten, dass Gott handelt. Dranzubleiben, wenn unsere Ehe durch schwierige Zeiten geht oder die Kinder uns den letzten Nerv rauben. Diese Zeiten gehen vorbei – wenn wir nicht aufgeben, sondern dranbleiben. Wir müssen dranbleiben, wenn das Leben nur noch furchtbar ist, in dem Wissen, dass es auch wieder anders werden wird. Wir müssen dranbleiben, denn die Alternative heißt Aufgeben.

Und warum sollten wir unsere so wichtige Reise in die Ewigkeit aufgeben, wo so großartige Dinge – und Menschen – auf uns warten? Wie es im Hebräerbrief heißt:

Wir sind also von einer ganzen Wolke von Zeugen umgeben. Deshalb wollen auch wir den Wettkampf bis zum Ende durchhalten und jede Last ablegen, die uns behindert, besonders die Sünde, die uns so leicht umschlingt. Und dabei wollen wir auf Jesus schauen. Er hat gezeigt, wie der Glaubenslauf beginnt und wie er zum Ziel führt. Weil er wusste, welche Freude auf ihn wartete, hat er das Kreuz und die Schande dieses Todes auf sich genommen. Nun sitzt er an Gottes rechter Seite auf dem Thron. (Hebr 12,1-2; NeÜ)

Ich weiß schon nicht mehr, wie oft ich mir neu vor Augen führen musste, dass Jesus die Freude sah, die *nach* dem Kreuz auf ihn wartete, und dass dies es ihm ermöglichte, das Kreuz zu tragen. Dieselbe Freude kann auch uns helfen, durchzuhalten.

„Bleib dran" – d. h. so viel wie: „Lebe das Leben und gib nicht auf!" Und letztlich ist es Gott, der uns dieses Durchhaltevermögen gibt. Ein anderer meiner Lieblingsbibelverse ist dieser:

Aber durch Gottes Gnade bin ich, was ich bin; und seine Gnade mir gegenüber ist nicht vergeblich gewesen, sondern ich habe viel mehr gearbeitet als sie alle; nicht aber ich, sondern die Gnade Gottes, die mit mir ist. (1Kor 15,10)

Das ist Gnade mit Durchhaltevermögen.

Gedächtnishilfe 7: Immer dann, wenn es schwierig wird, ist Gott dabei, uns Christus ähnlicher zu machen.

Wenn uns klar ist, dass Gott ständig dabei ist, uns Jesus ähnlicher zu machen, dann ist diese Gedächtnishilfe hochwillkommen.

Das ist letztlich der Grund, warum die „Busenfreundinnen" glaubwürdig behaupten können, dass sie für ihren Kampf mit dem Krebs dankbar sind. Sie wussten, dass trotz aller körperlichen Widrigkeiten Gott diese schwierige Zeit dazu benutzte, an ihnen zu arbeiten.

Das ganze 8. Kapitel des Römerbriefs ist mir eine große Ermutigung, vor allem aber diese Verse:

> *Wir wissen aber, dass Gott bei denen, die ihn lieben, alles zum Guten mitwirken lässt, also bei denen, die er nach seinem freien Entschluss berufen hat. Denn sie, die er schon vorher im Blick hatte, die hat er auch schon vorher dazu bestimmt, in Wesen und Gestalt seinem Sohn gleich zu werden, denn er sollte der Erstgeborene unter vielen Geschwistern sein. (Röm 8,28-29; NeÜ)*

Gott ist dabei, uns zu verändern, und es ist eine gewaltige Ermutigung, zu wissen, dass er unsere Umstände dazu benutzt, um uns Jesus ähnlicher werden zu lassen.

Auf der High School war Basketball mein Lieblingssport. Das vorletzte Schuljahr werde ich nie vergessen – meine Kameraden in der Basketballmannschaft auch nicht. In der ersten Hälfte des Schuljahres waren wir kein besonders gutes Team. Als die Weihnachtsferien kamen, hatten wir zwei Drittel der Spiele verloren. Vom Meistertitel war noch nicht einmal die Rede.

Außer bei unserem Trainer, Gary Looper. Ich erinnere mich noch an eine Zusammenkunft in unserer Turnhalle, wo wir auf den Zuschauerplätzen saßen, während er vor uns stand und uns das Trainingsprogramm für die Weihnachtspause präsentierte. Es klang nicht nach Weihnachtsferien, sondern nach Stress pur.

Wir schauten einander an, ungläubig. Wir hatten längst aufgegeben. Aber Gary nicht. Und er hatte ja recht; die Spielsaison war ja noch nicht vorbei, auch wenn es sich so anfühlte.

Was machte unser Trainer mit uns an diesem Tag? Er erinnerte uns daran, dass er an uns glaubte und dass er einen Plan für das Comeback unserer Mannschaft hatte. Alles, was wir tun mussten, war, dem Plan zu folgen. Er kannte unser Team. Er kannte unser Potenzial, und er kannte unsere Gegner, und er sagte, dass er glaubte, dass wir das Zeug dazu hatten, das Ruder herumzureißen.

Wir legten uns in den Weihnachtsferien echt ins Zeug (gelinde gesagt), und dann ging die Spielsaison weiter. Wenn ich mich richtig erinnere, gewannen wir von den nächsten 16 Spielen 15 und errangen am Ende den Meistertitel.

Die meisten aus unserer Mannschaft würden sagen, dass der Wendepunkt jene Ansprache unseres Trainers in der Turnhalle war, als er uns klarmachte, dass wir es schaffen konnten. Es ist bis heute einer der größten Trainer-Erfolge, die ich kennengelernt habe.

Ohne Zweifel: Es kostete uns viel Arbeit und Schweiß, und ich will die Leistung unserer Mannschaftskapitäne, die so fantastisch Basketball spielten, nicht schmälern. Aber Tatsache ist, dass da jemand war, der uns gezeigt hatte, wie wir es schaffen konnten, und der uns aufgerufen hatte, ihm zu folgen.

Jemand hat *Ihnen* gezeigt, wie Sie Ihr Leben leben können, und ruft Sie auf, ihm zu folgen. Wie werden Sie darauf reagieren?

Endnoten

1 So der englische Originaltitel: *God's not done with you.*

2 *He Is There and He Is Not Silent* (Wheaton, IL: Tyndale House, 1972). Deutsche Übersetzung: Francis A. Schaeffer, *... und er schweigt nicht: Ist eine Philosophie ohne Gott realistisch?* (Wuppertal: Brockhaus, 1991).

3 Siehe dazu 4Mo 12,3 (Anm. d. V.).

4 Der Super Bowl ist das jährliche Finale der US-amerikanischen National Football League (Anm. d. Übers.).

5 „Who Causes Your Suffering?", veröffentlicht auf der Internetseite: www.desiringGod.org.

6 Siehe Apg 2,22-24. Anm. d. V.: Siehe auch: 1Kor 2,8.

7 World Health Organisation, 2020, Depression statistics, Singlecare.com.

8 C. S. Lewis, *The Problem of Pain* (London: Fount, 1977), S. 144 [Appendix]. Die deutsche Übersetzung, *Über den Schmerz* [Gießen: Brunnen, 5. Taschenbuch-Lizenzausgabe, 2005], enthält das Appendix nicht; Anm. d. Übers.

9 Corrie ten Boom, *I Stand at the Door and Knock*, (Grand Rapids: Zondervan, 2008), S. 63.

Seth Lewis
Dream Small
Die verborgene Kraft des einfachen christlichen Lebens
Pb., 128 S., 13,5 x 20,5 cm
Best.-Nr. 271876
ISBN 978-3-86353-876-7

Wir alle sind auf der Suche nach Bedeutung und Sinn. Unsere Kultur sagt uns, dass wir dies durch große Träume, persönlichen Erfolg und Bekanntheit finden. Aber die Bibel sagt, dass wir unseren Selbstwert finden, wenn wir unseren Schöpfer kennen. Wir sind dann zufrieden, wenn wir seine Bestimmung für unser Leben entdecken. Wenn wir Jesus kennen, werden wir frei von der säkularen Definition von Erfolg. Wenn wir auf Gottes Wort hören, werden wir von den Dingen träumen, von denen er uns sagt, dass sie am wichtigsten sind, auch wenn sie in den Augen der Welt klein und unscheinbar sind. Entdecken Sie neu die Träume, die Gott für uns hat: anderen zu dienen, in Menschen zu investieren und treu zu leben. Auch wenn diese Dinge klein erscheinen, werden ihre Auswirkungen größer und ihre Belohnungen besser sein als alles, was wir uns selbst erträumen könnten.

Nick Tucker

Zwölf Dinge, die Gott nicht tun kann

Und warum wir deshalb besser schlafen können

Pb., 160 S., 13,5 x 20,5 cm

Best.-Nr. 271877

ISBN 978-3-86353-877-4

Wie können wir Gott so vertrauen, dass wir nachts deshalb ruhiger schlafen können? Wie bekommen wir den Glauben und die Zuversicht Davids, der sagte: „In Frieden will ich mich hinlegen und gleich schlafen; denn du, HERR, allein lässt mich in Sicherheit wohnen“ (Ps 4,9)?

Eine Antwort liegt in der Konzentration auf die Größe Gottes. Wenn wir über Gottes Größe nachdenken, denken wir meist an das, was Gott tun kann. In diesem Buch werden jedoch zwölf Dinge beschrieben, die Gott nicht tun kann. Sie alle bringen Aspekte seines Wesens und Charakters zum Ausdruck, die uns dankbar, froh und ehrfürchtig werden lassen – und die uns entlasten. Beim Lesen werden Sie sowohl über Gottes Andersartigkeit staunen als auch darüber, wie er in der Person Jesu einer von uns geworden ist. Dieses Buch wird Ihren Glauben stärken und Ihnen Zuversicht für Ihr Leben geben, damit Sie nachts ruhiger schlafen können, im Vertrauen auf den Gott, der niemals schläft.

David Gooding
Mit Jesus unterwegs im Johannesevangelium
Wie Begegnungen mit dem Sohn Gottes Menschen verändern
Pb., 224 S., 13,5 x 20,5 cm
Best.-Nr. 271837
ISBN 978-3-86353-837-8

Sie alle mussten eine Entscheidung treffen, wie sie auf Jesus Christus reagieren wollten – der selbstbewusste Jünger, der unter Druck einknickte, genauso wie die Frau, die ihn ohne Angst vor den Reaktionen anderer anbetete.

David Gooding zeichnet neun individuelle Glaubenswege zu Jesus eindrücklich nach. Wenn wir so ihre Lebensgeschichten miterleben und hören, wie Christus ihre Probleme anspricht, haben wir den Eindruck, diese Menschen zu kennen. Und dass der, der damals mit ihnen sprach, durch ihre Geschichten auch heute noch zu uns spricht und auch unser Leben verändern will.

David Gooding
Tiefer glauben
365 Andachten zum Weiterdenken
Gb., 528 S., 15 x 22,6 cm
Best.-Nr. 271323
ISBN 9-783-86353-323-6

Unser Leben besteht nicht nur aus Freude, sondern auch aus vielen Herausforderungen. Dabei bleiben manche Fragen offen. Wir staunen über die Schönheit der Natur und erleben gleichzeitig ihre zerstörerische Kraft, wenn wir krank werden. Wie kann unser Glaube an Gott angesichts dieser herausfordernden Realität tiefer werden und wachsen?

Gottes Wort will uns keine Scheinwelt vorgaukeln. Zum Realismus der Bibel gehört aber auch, dass Gott jetzt an uns am Werk ist. Er arbeitet daran, dass „wir zu mündigen Christen heranreifen und in die ganze Fülle hineinwachsen, die Christus in sich trägt" (Eph 4,13). Je mehr wir von seinem Plan verstehen und je tiefer wir seinen Charakter kennenlernen, desto mehr werden wir ihm in Gehorsam, Liebe und Vertrauen folgen wollen.

Diese 365 Andachten konzentrieren sich auf das Werk Christi als unserem Herrn, der uns erlöst hat und uns auf unserem Weg begleitet. Es sind Andachten zum Weiterdenken und Studieren, damit unser Glaube tiefer wird.

Glen Scrivener
Wie die Luft, die wir atmen
Warum wir alle an Freiheit, Menschenwürde und Gleichheit glauben
Gb., 272 S., 13,5 x 20,5 cm
Best.-Nr. 271878
ISBN 978-3-86353-878-1

Ist das Christentum ein Todeskandidat, der überaltert und heuchlerisch mehr Probleme für die moderne Gesellschaft erzeugt als löst? Oft schämen sich Christen für ihren Glauben, und Außenstehende sind misstrauisch. Was aber, wenn die christliche Botschaft nicht der Feind unserer westlichen Werte ist, sondern ihre Quelle? Glen Scrivener nimmt seine Leser mit auf eine Entdeckungsreise und zeigt, wie die Lehren Jesu nicht nur die antike Welt auf den Kopf gestellt haben, sondern noch bis heute prägen, wie wir über Leben, Werte und Bedeutung denken. Freiheit, Freundlichkeit, Fortschritt und Gleichheit sind so selbstverständlich für uns geworden, dass wir ihre christlichen Wurzeln kaum noch bemerken. Dieses faszinierende Buch ist eine starke Hilfe für Christen, um über ihren Glauben zu reden, und ein Augenöffner für Nichtchristen über die positive Wirkung des Glaubens.